改訂新版

心の部屋を空けて

Let a Gentle Breeze Flow into The Room of Your Heart

堀 肇［著］

Forest Books

目次

第一部　心をみつめる　あなたのために

第二部　心を配慮する　友のために

Part1 For You

第1部 心をみつめるあなたのために

心の部屋を空けて

この頃「やっぱり」と思ったことの一つ。人は特別の事情がある場合はともかく、無口と言われる人でも、心の奥には自分のことを話したい思いがあるのだということを再認識させられたのです。

性格的に対人関係が苦手な人であっても、話せる相手なり状況が与えられれば、人は自分の話をするようになるということです。これはカウンセリングのような場だけでなく、日常的にもそう言えるのではないかと思います。もちろん、みなが多弁になるということではありません。

ある会合の控え室でのことです。部屋に入りますと、時々お見受けするN先生（大学教師）がもう来ておられました。ふだんは「こんにちは、ご苦労様です」という挨拶程度で

それ以上の会話はなかったのですが、その日は私のほうから改めて自己紹介をし、
「先生のご専門は……、今何を教えていらっしゃるんですか……」
などと話しかけてみました。これは気持ちに少し余裕があってできたことですが、この時はN先生の話を聞くことに集中してみようと心に決めてお話の時をもちました。これはカウンセリングを意識したようなものではなく、それが〝心のもてなし〟だと思ったからです。

するとどうでしょう。先生は仕事の話から始まり、人生観や哲学また物の考え方に至るまで、明るくいきいきと楽しそうに話し始められたのです。先生が心を開いておられるのがよくわかりました。

私はお聞きしながら、N先生はもともとお話し好きで開放的な方なんだと思いましたが、実はそうではありませんでした。最後にこんなことを言われたのです。しかも楽しそうにです。

「今日は何か変ですね。私はふだんはこんなによく話すことはないんですよ。もともと

非常にシャイなんです。どうしたというんでしょうね」

ところでこのようなことはふだんの生活の中で、ときどき経験することでもありますが、それはどういう状況の中で起こるのでしょうか。そうはならない場合も含めて振り返ってみて、わかったことがありました。

ごく当たり前のことですが、それはこちらの気持ちに余裕がある時と言っていいでしょうか、言い換えれば、相手が心を憩わせることのできる「心の部屋」とでもいうべきものが、こちらの方に用意されている時なのです。相手に対する温かで親和的な感情、また相手の人格を尊敬する気持ちを抱いている状態と言ってもいいかもしれません。

ところが、この「心の部屋」というものにはなかなか複雑な事情があるのです。仕事などで忙し過ぎると、満室になって人は入ることができません。また喜びや悲しみの感情があまり大きいと、部屋は落ち着かなく塞がってしまう可能性があります。いろいろな意味で自己防衛をしなくてはならないような状況に置かれた場合も、人を部屋に入れることはできなくなります。

気持ちのゆとりとはなかなか難しいものです。N先生にお会いしたその日は、たまたま条件が良かったのでしょうか、おそらく私の心に少し余裕があって、部屋が空いていたということなのでしょう。ふだんはなかなかそうはいかないものなのですが。

しかしたまにでも、このような経験をするたびに、こちらの部屋が一間でも空いていれば、人は心を開き、自分のことを自由に語り表現できるのだということを再認識させられ、私は嬉しい気持ちになるのです。と同時に忙しい現代人が求めているのは、実はこの「心の部屋」でもあることに改めて気づき、はっとさせられもします。

この種のテーマについて考えていくと、決まって思い出すのがポール・トゥルニエ（医師・精神療法家）の言葉です。

色々な方が私に会いに来られますが、それは、私の中に静かで安らいだ人間、話を聞いてくれてあとの時間のことを気にかけない人間を見るからではないかと思います。毎日の生活が卵のように一杯つまっていたら、何も入れる余地はないし、神ですらそこに何も入れることができないでしょう。ですから、生活の中にすきまをつくることが大切になるんです（『人生を変えるもの』ヨルダン社）。

深く心に留めて味わいたい言葉の一つです。

悲しみとの融和の時が

「お母さん（お父さん）。お子さんと少し距離をおいて温かく見守ってあげてください。上手に見守っていけば必ず新しい変化が訪れますから」

「とにかく落ち着いて待ちましょう」

子育てなどの家族相談でたびたび親御さんに申し上げる言葉の一つです。これはただ相手を慰めようとして気休めに言っているのでなく、子どもの心身の成長や発達、また家族の心理的な変容過程などについても、ある程度の予測をつけながらのアドバイスなのです。

ところが、いくらそう言われても問題の解決が長引き、一向に好転の兆しが見えてこないと、多くの方は、

「先生。いつまで待てばよいのでしょうか。子どもの将来のことを考えると、このまま

ではやはり不安なんです。どのようにして待ったらいいのか、その待ち方を教えてください」

などと、待つことの苦しさ、難しさを訴えられます。確かに問題を抱えている方々の立場に立って考えれば、そう言いたくなるのはごく自然であって無理もないことです。

しかし私の家族援助経験から言えることの一つは、もし親御さんが少し落ち着いて待つことができるならば、結果は良い方向に向かう可能性が高く、また待つことを通して家族全体に新しい〝気づき〟が起こり、その待っている期間が貴重な訓練の時ともなり得るということです。何よりも苦しんでいる子どもたちの多くが、親に対して「待っていてほしい」という気持ちをもっている事実を知ってほしいため、つい「待ちましょう」と申し上げるのです。

とはいえ、待つということは当事者にとってみれば、やはり辛く苦しいことです。その苦しみの奥深くにある不安や恐れや絶望感などは、第三者にはわからないものです。そもそも人の悩みというものは、本当はよく理解できないものと考えていたほうがいいのではないでしょうか。

それに「待つ」といっても、問題が学校・社会への不適応や軽度の精神症状など、解決が可能なものであれば待つことにも希望がもてます。しかし機能の回復が期待しにくい心身の障害や、癒やされるまでに長い年月を要する心の傷などになりますと、待つということの意味も内容も通常のそれとはかなり異なってきます。

少なくともこのようなレベルになりますと、問題や症状が除去される時を待つということよりも、その苦しみをどう理解し受け止めるか、突き詰めて言えば人生に対する態度そのものが重要な課題になってきます。そうなると、解決という意味もおのずと違ってくるわけです。

しかし、いずれにしても待つということは精神的にとても大変なことには変わりありません。けれども人生には、時の流れの中で、ある転機が訪れることがあります。それは徐々にであったり、時には突然であったり、また孤独な世界の中であったり、人々との交わりの中であったり、とにかく長い人生には転機や変化というものがあるのです。そこに待つことの新しい意味があるように思います。

私はこのことを考えるとき、いつもパール・バックの言葉を思い出します。彼女は娘さんの先天性の新陳代謝障害（知能の発達が大人の水準に達しない）で非常に苦しみ、その長く悲しい旅について『母よ嘆くなかれ』（法政大学出版局）でこう語っています。

娘は、もう絶対に治らないのに、その後もずっと生きつづけていくのだと思ったときに突き落とされた絶望が、底なしの泥沼のようなものになって、わたしはそこにはまり込み、どうにもならなくなっていたからなのです。あまりにも深く、大きな絶望は、身体全体を駄目にし、考えることもできなくし、エネルギーもなくしてしまうものなのです。

これは彼女が絶望に陥ったときの状態を述べたものですが、ここから抜け出ていった時のことを語っている言葉は、「待つこと」についての新しい意味と希望を与えてくれるものです。

太陽が昇って、そして沈んで行く、四季がめぐってきて、過ぎて行く、家の庭に花が咲き、通りを人が過ぎて行く、また町から笑い声が聞こえてくる……といったことがわかるようになったのです。とにもかくにも、悲しみとの融和の道程がはじまったのです。その第一段階は、あるがままをそのまま受け入れることでした。そのことは意識の上では一日でおこったように思えます。

パール・バックが語っているように、苦しみは時として「底なしの泥沼」のように感じられることがあります。しかし、そのただ中にあって待ち続けるならば、やがて「悲しみとの融和の道程」が始まり、「太陽が昇って、そして沈んで行く」のがわかるようになり、人生を「あるがまま」に受け入れることができるようになるというのも、私たちが経験し得る事実ではないでしょうか。

こうした問題を考え続けていくとき、私の心には「すべてのことには定まった時期があり、天の下のすべての営みに時がある。……神のなさることは、すべて時にかなって美しい」（伝道者の書三章一～一一節）という聖書の言葉が浮かんできます。その「時」というのが、いつどのように訪れてくるのかはわかりません。しかしその時を待ちたいと思います。もしかしたら、それは「意識の上では一日」のうちで起こるようなことなのかもしれません。

木の影のような人

この頃、どんなことでも特殊なケースについて考えることは、とても意味のあることなのだと思うようになりました。それは、特殊だと思っているものの中に普遍的で熟考に値する事柄が隠されていることがあるからです。

大学の授業でのこと。その日の私の講義は児童期の発達課題に関するものでした。この時期は子どもの自我が拡張していく時で、成長への大切な課題の一つは「遊び」です。ごく一般的に言って、子どもはこの遊びを通して基本的な対人関係処理能力を身につけて社会化していきます。

社会性を発達させるような遊びが欠如してきた現代社会が気にかかっていたからでしょうか、そのとき私は少し念入りに、

「子ども時代に遊ばないと、大切な課題をクリアしないまま思春期以降にそれがもち越されることになり、やがて様々な問題が……とにかく友達と遊ぶことは、子どもにとって〈主食〉なのです」

とお話ししたのです。

しかし、そう話しながら私は討議の時間に取り上げるべくもう一つのテーマを考えていました。それは「遊べない子」や「引っ込み思案で、友達ができない子」のことです。そういう子どもは問題なのかということです。これを話し合ってみたかったのです。

幸いとても良いタイミングで、私が質問する前に、すでに子育てを終えて編入してこられた学生（主婦）から、

「先生。うちの子は子どもの頃あまり遊ばなかったんです。でも今は大学を卒業し、何とか社会人としてやっています」

という子育ての体験に基づいた話が出たのです。実は遊びの必要性を語りながら、このような話が出てくるのを私は内心期待していました。

　こういうケースは、人は必ずしも同じようなプロセスを経て成長するのではないことを考えさせてくれる良い例です。ことに現代のようなマニュアル時代では、子育ての情報もパターン化していますから、若い人たちがそうしたものを見て惑わされないことが必要ではないかと思います。

　似たような問題ですが、小学校の生活目標などに、「明るく、元気で、はきはきと」というようなものが掲げられていることがあります。これは教師だけでなく親も描いている平均的な子ども像であって、それ自体に問題があるわけではありません。学校という大集団の目標ともなれば、どうしてもそうなってしまうのだろうと思います。

　しかし、もう一方において常に考えておきたいことは、そのようにできない子どもも必ずいるということです。内気で友達もあまりできない、あるいは何事もみんながやっているようになかなかできない子どももいます。

　大人はこのことを覚えておくとともに、その特別なあり方が何か悪いことのように考えてはならないのです。実はそのような子どもの中にも、素晴らしい個性や才能が隠されている場合が決して少なくないからです。

ヘンリ・ナウエン（カトリック司祭・エール大学教授）が『今日のパン、明日の糧』（聖公会出版）という本の中でこんなことを言っています。

内気であることには、何か言い知れぬすばらしいものがあります。私たちの文化は内気であることを長所とは考えていません。むしろ単刀直入であり、相手の目を見、自分の思うところを語り、恥じることなく自分のことを打ち明けるようにと奨めます。

確かに私たちの文化は大体においてこのようです。家庭でも学校でも「自分の思うところを語り、恥じることなく」という態度こそ目標にしなさいというような躾や教育がなされています。まさに「明るく、元気で、はきはきと」という生活態度や生き方が奨められているのです。

しかしナウエンは続いて、こう語っています。

それは影のない木のようなものです。しかし内気な人は長い影をもっています。……内気な人々は敬虔で尊敬に満ちた友情へ、そして愛の内に何も言わずにただ傍らに留まることへと私たちを招いているのです。

彼は、「自分の思うところを語り、恥じることなく」というだけの世界は「影のない木」のような文化だと言うのです。私たちは人生で疲れたとき、渇いたとき、そこに行けばほっとする人、それこそ、「愛の内に何も言わずにただ傍らに留まることへと私たちを招いている」人を必要とします。内気な人はそのような特性をもっているというのですが、そういう人は「木の影のような人」と言っていいでしょうか。

この時代は人間に関する研究が進み、情報も豊かになってきています。それは素晴らしいことでもあります。しかし一方において、科学的になるあまり人間理解がマニュアル化し、心の奥深さをとらえそこない、それが個性や内面性を潰してしまわないようにと願うものです。

人間の心と魂は単純ではないという意味で神秘です。このことを考えると、私の心にはいつも、「主よ　人とは何ものなのでしょう」(詩篇一四四篇三節)という聖書の言葉が浮かんでくるのです。

ときには心を休ませて

読書の楽しみの一つは、著者の人生体験や深い思索の中から紡ぎだされた素敵な言葉に出会えることです。その場合、まったく新しい気づきが与えられることもありますが、心のどこかですでに考えていたことを改めて確認させられるということもあり、読者にとっては人生の旅路の励みになります。次の言葉も私にとってそう言えるものの一つです。

生きがいのある生活を送るためには、たえず人間関係に気をくばり、たえず何か行動をしていなくてはならないのかというと私は必ずしもそう思いません。……人間は何も年がら年中、人のためになる行動をしていなくてもいいのだと思います。ときには、〝何かのために〟という目的行動をすっかりはなれて、自らの心を休ませ、楽しませる方法を、それぞれの人が自分の個性にあわせて工夫しておくとよいと思うのです。他人の迷惑にならない方法ならなんでもよいわけでしょう。

そうして、自分独特の心の世界で生きるよろこび、生きる楽しみを味わったならば、その心をたずさえて現実の世界にもどってきましょう。そうすれば、ことさらに肩をいからせなくても、自然に生きがいが、ほほえみやユーモアとなって他人にも伝わって行きます（『存在の重み』みすず書房）。

これはハンセン病患者の精神科医師、また大学の教師として献身的な生涯を全うした神谷美恵子さんが、看護学生への講演の中で語られたものですが、どんな立場におかれている人でも本当にそうだと思わされる言葉です。

仕事にしても子育てにしても、また人間関係にしても、そこにどっぷりと浸かっていますと、精神的に疲れてしまうというだけでなく、何が本当に大切なことなのかわからなくなってしまうこともあります。ことに人にかかわる仕事をしていますと、相手との心理的距離が接近し過ぎて、相手にとってマイナスになっていることもあります。

そうならないためには、神谷さんが述べておられるように、ときには「目的行動」から離れて、心を休ませることが必要ではないかと思います。それもただ休むというだけでなく心を「楽しませる」ことが。

彼女は別の箇所で「ときどき人間の世界から脱出して、知識の世界、思索の世界、美の世界……などに心を遊ばせること」とも記していますが、これは、私たちが生きている意味や充実感を本当に味わい知るためにも大切なことではないかと思います。

といっても、働くことを美徳としてきた現代人、とくに中高年の男性などにとっては、これはなかなか難しいことかもしれません。生産性至上主義、効率主義の中で生きてきた人たちにとって、趣味や娯楽なども ゆっくり楽しむというより、どこか仕事の延長線上にあって、人によってはものすごく頑張るわけです。そこにも競争原理が残存しており、楽しむというよりも新たな自己実現が目標となってしまうのです。

それらが生きがいということになれば、それはそれでいいのですが、「心を楽しませる」とか「心を遊ばせる」ことによって与えられる心の余裕や魂の安らぎ、あるいは精神の深まりのようなものは得にくいのではないかと思います。仕事を休むことが心の休息にならないというのは何かとてももったいない気がします。

イエス・キリストは伝道で食する間もないほど多忙を窮めていたあるとき、弟子たちに「さあ、あなたがただけで、寂しいところへ行って、しばらく休みなさい」（マルコの福音書六章三一節）と言い、そのために弟子たちを「無理やり舟に乗り込ませ」（同四五節）たと聖書に記されています。

これは活動から撤退させようというのではなく、むしろ実りある働きのために休息をとるようにという弟子たちへの愛の配慮です。心を休ませるということは、心を豊かにさせるということでもあります。

神谷美恵子さんは「その心をたずさえて現実の世界にもどってきましょう」と述べておられますが、心を休ませるのはまさに「現実にもどる」ためと言っていいでしょう。

慌ただしい日常生活や複雑な人間関係の中で疲れ、自分の心も人の心もよく見えなくなって混乱してしまわないためにも、ときには心を休ませ、また楽しませることが必要です。場合によっては、イエスがされたように「無理やり」にでもそうすることが求められているのではないでしょうか。

感情は変わり得るもの

よく「人間は感情の動物である」と言いますが、確かに感情は善きにつけ悪しきにつけ人の心の中で大きな位置を占めています。「感情的」にさえならなければ、生活に潤いと人間らしさを作りあげてくれるものでもあります。私たちがいろいろな物事や出来事に感動するというのも、この感情という精神機能なくして起こり得ないことです。

ところがこの感情というものは、現実にはなかなかコントロールが難しく、常に安定した状態に保つのは容易ではありません。一日のうちでもどれほど揺れることでしょう。何かのきっかけで外界から強いストレスを受けますと、たちまち恐れや不安などが生じ、晴れていた空に雲がかかるように、うつ的にもなってしまうのが感情です。

ことにひどく落ち込んでいる時などは、周囲のちょっとした共感性を欠いた言動によってうつ状態が悪化してしまうこともあります。感情や情緒が不安定になる精神障害に罹患《りかん》しなくても、感情というものは表出が不適切になされると、日常生活、とりわけ人間関係において様々なトラブルを引き起こしてしまいます。程度や内容の違いこそあれ、感情の問題ではだれもが悩んでいるのではないでしょうか。

このように感情はとても厄介なもので、強度のストレスなど悪条件が重なると心の病にもなってしまうほどのものです。しかし一方において、新しい価値観やそれまでとは異なった物の見方や、思考の転換などができるようになると、大きく変化してくるものでもあります。

たとえば、うつ状態に陥りやすい人は「全か無か」「白か黒か」という極端な二分思考の傾向があり、一度失敗するともう完全にだめだ、道は塞がれたなどと考えてしまいやすいのです。これは一種の完全主義であり、この生き方を続ければ、うつ状態にならざるを得なくなります。

これを解決するためには、人間の世界には完全ということはあり得ないこと、また何かで失敗しても、それですべてが終わりだと決めてしまうのは非現実的であると考えることが大切です。そのように物事の考え方を修正していくことができれば、感情は大きく変化してきます。

「何度失敗したっていいではないか。考えてみれば、今までだっていろいろな失敗があったが、何とかなってきたではないか」

「人に何と思われたって、かまわないではないか。自分も含めて、そもそも人というのは自分勝手に考えているし、それとて完全なものでもない。だからそんなことでくよくよ悩むのはよそう」

このように感情は少し落ち着いて物事を見つめたり、考え方や見方を変えたりすることによって変化するものなのです。これはふだんから訓練をしておきますと、かなり心の生活の助けになります。

私はこのことを考えて、クライエント（来談者）に思索を深めることができるような読書を勧めています。読書といってもその内容によりますが、思索を深める読書をしていくと、物の考え方に幅ができたり、硬直した価値観や心の動かし方の癖のようなものが修正されてきたりするから不思議です。

たとえばスイスのキリスト教思想家K・ヒルティの『眠られぬ夜のために』（岩波書店）などは心理療法の本ではありませんが、人生について深い洞察に満ちており、物の考え方が修正され、心を安定させてくれるものです。次はその一例。

思想や仕事においてたびたび実のりゆたかな時期があり、また、精神が休息して新しい力をたくわえる冬の季節のような時期もあります。あなたは、このような時期を、神からさずけられた休憩時間として、こころ安らかに感謝して受け取りなさい。

このように考えると、人生における冬のような季節も受容でき、私たちの心は感情的動揺から守られ、落ち着いて時を待つこともできるようになるのではないでしょうか。ともあれ感情は変わり得るものなのです。

聖書の中にも、とらわれていた価値観や人生観をひっくり返すような言葉がたくさんありますが、次の言葉などは思い煩いの多い私たちの心と魂を根底から支え、感情や思考を落ち着かせてくれるものです。

あなたがたのうちだれが、心配したからといって、少しでも自分のいのちを延ばすことができるでしょうか。……ですから、明日のことまで心配しなくてよいのです。明日のことは明日が心配します（マタイの福音書六章二七〜三四節）。

この言葉の意味は一切は神の手の中にあるのだから、思い煩わないで生きていきなさいということです。

「あなたを愛する」という声

「先生。リストカット（手首を切る自傷行為）やってるんです。どうしても止められないんです。どうすればいいいんですか」

このような相談が私のところにも増えてきました。年齢的には十〜二十代の女性が多いのですが、これは思春期や青年期の若者だけの悩みではありません。つい最近のことですが、中年の主婦からの相談もあり、改めてこの問題の深刻さを実感させられました。

これらの方々の中には医療的なケアを受けている人たちも多いのですが、残念ながら悩みを十分には聞いてもらえず、「苦しい、悲しい」と辛い気持ちを訴えてこられます。といっても初めから「リストカット」の相談というより、その背後にある悩みのカウンセリングから始まることが多いのですが。

こうした自傷行為に悩んでいる人たちにとって大きな苦しみの一つは、その行動が衝撃的で異常に映るためでしょうか、家族や周囲の者にその心の内を簡単には理解してもらいにくいということです。確かに体を傷つけるというような行為を見れば、だれだってショックです。とくに一番身近にいる家族などは、とても平気ではいられないと思います。ですから多くの場合、「何やってるの」「何でそんなバカなことをするの、あなたは！」という叱責に近い言葉が飛び出すのです。どうしても理解しにくいのでしょう。

しかし親や周囲の者はこういう問題に直面したとき、人が自分の身体を傷つけるというのはどういうことなのだろうか、そんなことをしなくては生きていけないような心の事情とはいったい何なんだろうか、そこには「きっと私の知らない苦しみがあるにちがいない。本人しかわからない理由があるのだ」と考えてみたいのです。そもそも人間というものは、それが良いか悪いかはともかく、理由のないことはしないからです。

私には理解しがたいことであっても、そうしないではいられない本人はどんな気持ちなのだろうかと考えてみることが大切なのだと思います。たとえ込み入った心の内がわからなくても、そう考えるだけでも、傷ついている人に対する眼差しも対応も変わってきます。

自傷行為の原因や理由はとても複雑で、様々な要素が複合していると考えていいと思いますが、多くの場合、死にたいような気持ちを抑えるために自分を傷つけるという、つまり死ぬ代わりに切るというような生死にかかわる苦悩を抱えています。

どうしようもない悪い自分に罰を与えるのだと言う人もいます。そこには体に痛みを与えることによって、どうにもならない否定的な感情を和らげようとする痛々しい心の呻きがあります。またこんなに苦しんでいる私を知ってほしい、見てほしいという気持ちをもっている場合もあります。

この死にたいような、自分を罰したいような気持ちの奥深くにはいったい何があるのでしょうか。その世界を説明するのは容易ではありませんが、端的に言いますと、どうしても「自分の存在を肯定できない」ということでしょうか。私のところに相談に来たある大学生は、その気持ちをこんなふうに語ってくれました。

「私なんか全然人の役に立っていない。自分の存在自体が許せない。こんな私が生きていることが嫌だ」

このような思いで毎日を過ごすのはどんなに辛いことでしょうか。これを理解するのはなかなか難しいことかもしれませんが、悩んでいる人の心の奥には「私のことを見捨てないで」「私をそのまま愛してほしい」という強い願いがあるということを知ってほしいと私は思っています。

しばらく前、A新聞の自傷行為を特集した記事に掲載された女子高生の言葉が心に残りました。

「無条件に受け入れてくれる人が現れないと私は普通になれないと思う」

同じような気持ちが表れている言葉ですが、

「私のことをあきらめないで見守ってくれる人がいたら生きていけると思う」

と手紙に書いてくれた人がいます。結局は人が「生きる」ためには愛されることが必要なのです。

愛の欠乏やひずみによって生じた苦しみは、何らかの形で愛が満たされることによってしか癒やされません。自傷行為に限らず、傷ついた魂が求めているものは、「わたしはあなたを愛している」（イザヤ書四三章四節）という声です。人はこの声を魂の内奥において聞くことができるとき、心は整い始め、それこそ「普通」になって動きだすのではないでしょうか。

意味のあるストレスも

少々不思議な感じもしないわけではありませんが、このストレス社会においても、ときどき「私はあまりストレスがありません」とか「人間関係もそれほど悩んでいません」と言う人に会うことがあります。そのように言い切れる人は、ある意味において幸せな人かもしれません。

しかし私は仕事柄でしょうか、どうもこのような人に会いますと、ついその人の性格傾向はもとより、ライフスタイルや人間関係などについても知りたくなってしまいます。

確かに世にはストレスや心の疲れに対する抵抗力が強い人がいますし、弱いと言っている人でも、繰り返しストレスを受けていると慣れてしまって耐性が形成されてくるという場合もあります。

また中には自分の性格などをよく知っていて、心身の休息や気分転換などを上手に行い、ストレス・コントロールをしている人もいますので、「ストレスがない」といっても一様ではありません。そもそもストレッサー（原因）そのものが少なく、穏やかな日々を送っておられる方もあるでしょう。

ところでストレスの話になりますと、それがすべて悪いもののように考えてしまい、ストレスに対して強くなることや発散・解消することだけに注意が傾きやすいのですが、そのすべてが敵ということではありません。一般に、この点について私たちは片寄った情報に左右されているように思います。

実はストレスの中には、人間の成長や発達に必要な「良性ストレス」と言われるものもあるのです。多少のストレスを感じることがあっても、適度の緊張や刺激また変化というものは単調になりがちな日々の生活にめりはりをつけ、やる気を起こさせてもくれます。そもそも変化というものは、新しい適応を求められるためにストレスを引き起こすのですが、度が過ぎなければ生活に新鮮な雰囲気を与えてくれるものです。

また人間関係なども本当に良い関係を望むならば、こまやかな感受性を働かせながら互いの関係を調整していくこと、つまりある程度「心を遣うこと」が双方に求められるので、それ相応のストレスを感じることは自然のことだと思います。

しかしそれは生きていくうえでの「必要なストレス」と言っていいでしょう。この場合、ストレスという言葉に抵抗があるならば、人間関係に必要なエネルギーと言い換えてもいいかもしれません。

ストレスをこのように考えてみますと、それがないと思っている人は、自分の人間関係などをちょっと振り返ってみるといいかもしれません。そういう人は感受性が鈍かったり、人の気持ちを配慮する心が欠けていたりして、自分の言動がどんなに人を傷つけているかわからずにいる場合があるからです。つまりストレスがないというのは、自分だけのことで相手にひたすら忍耐させ、ストレスを与えてしまっているようなことがあるのです。

たとえば自分の考えや思いついたことをどこでも主張して平気でいる人は、ストレスを感じていないかもしれません。その場合周囲が黙って聞いていますと、自分にも相手にも問題がないものと錯覚してしまいます。

しかし周囲は非常にストレスを感じ、どうしてもという必要がなければその人と話したいとは思わなくなってしまうものです。責任や義理がある場合はともかく、何もなければ人はストレスを与える人からは去っていくことになります。

ですから人間関係でストレスがないというような場合、少し自分の言動を振り返ってみることが必要かもしれません。ひたすら相手に身を削らせている場合もあるからです。

確かに過剰なストレスは心身に悪影響を与えるので注意を要しますが、日々の生活の中で多少のストレスや心の疲れを覚えたりすることは悪いわけではありません。むしろ少しストレスを感じるぐらいのほうが、人間に対して優しい気持ちをもち続けるには必要のようにも思われます。それは自分がストレスを経験することによって他者のストレスもわかるようになり、どのように語り行動したらよいかも判断できるようにされていくからです。

イエス・キリストは「すべて疲れた人、重荷を負っている人はわたしのもとに来なさい。わたしがあなたがたを休ませてあげます」（マタイの福音書一一章二八節）と語られましたが、こういう言葉なども、心に疲れを覚えて初めて魂の深くに響いてくるのではないかと思います。その意味でストレスや心の疲れは、神の恵みと本当の「休み」を知る機会ともなるのではないでしょうか。

回想は人生に新しい意味を

過ぎ去った歳月を振り返るとき、程度の差こそあれ、だれの人生にも思い出したくないような出来事というものがあります。自分の失敗によるものもありますが、自分の力ではどうすることもできなかったこともあります。

ことにその出来事によって心を深く傷つけられたような場合、過去を回想することは心の痛みの伴うとても辛いものとなります。

冷静に振り返れば良い思い出も必ずあるはずなのですが、受けた傷が深いと、まるで記憶に障害でもあるかのように、それらはかき消され、悲しい思い出ばかりがよみがえってきます。

記憶というものは大切な心の機能の一つですが、心に傷を受けたような場合は本当に厄介だと思うことがあります。すでに過ぎ去った出来事の記憶が現在の自分を苦しめるわけですから、確かに厄介なのです。だから人は何とかして過去を忘れようとします。

「古いアルバムめくり、ありがとうって、つぶやいた」（「涙《なだ》そうそう」作詞森山良子）という歌がありますが、これができる人は過去が受容できているか、もしくはその過程にある人と言っていいかもしれません。過去の内容にもよりますが、そこにまで達することができれば、その人は幸せな人です。普通はこれがなかなか難しいのです。「古いアルバムをめくる」ということは、どうしても辛い過去を心理的に再体験することになるのでキツイことなのです。

しばらく前に帰省した時のことです。それこそ「うさぎ追いし、かの山」を歩いてみたのですが、懐かしさとともに、私にとって辛いことの多かった少年時代を思い出すことにもなり、そこに長くとどまることに対して、ある種の心理的抵抗を感じました。これは、いわゆるフラッシュバック（それまで格納されていた外傷的な記憶がよみがえる体験）に近い心の現象です。故郷というものに対する感情も、人それぞれであることを味わったひとときでした。

このように過去を振り返り、記憶の糸を手繰《たぐ》るということは、場合によっては辛いことなので避けたい気持ちにもなりますが、時として人生に新しい気づきや発見をもたらしてくれるというのも一つの事実です。つまりプラスの面もあるということです。

これには少し丁寧な振り返りが必要ですが、それを試みてみると、ある出来事によって引き起こされた「感情」というものは、いつも変わらず固定したままということはなく、その出来事を思い起こす動機や時期、また解釈の仕方などによって変化していることがわかります。

たとえば子ども時代を振り返ってみますと、反抗期などに親を一方的に非難していたとしても、大人になって過ぎし日を回想すると、「親もそれなりに大変な人生を歩んできたのだ」と思えるようになることがあります。次第に客観的に物事を見ることができるようになるということでしょう。

とりわけ子ども時代にはわからなかったことや、親自身も選択できなかったような家庭環境や生育過程などを知るようになると、温かな気持ちさえ起こってくることがあります。過去の出来事そのものを変えることはできません。しかし、それによって生じた感情は変化し得るのです。

そうした中で最も感動的なことは、後になってその出来事のもっている「意味」がわかってくる場合です。これは人生のドラマが塗り替えられるような体験と言っていいかもしれません。

旧約聖書に出てくるヨセフ物語などはその良い例です。ヨセフは父ヤコブの偏愛のため兄弟たちから憎まれ、ついにはエジプトに売り飛ばされ奴隷となります。彼はあることで濡れ衣を着せられ投獄されたのですが、エジプト王の夢を解いて認められ、その国の宰相にまで抜擢されました。

ところがちょうどその頃、大飢饉がその地域一帯を襲いヨセフの兄弟たちも食糧の買い出しにエジプトに来たのです。ヨセフは彼らを見て、すぐ兄弟たちであるとわかりました。しかし兄弟たちにはヨセフだとわからなかったため、最初は自分を隠していましたが、やがて正体を明かしたとき、恐れ戸惑う兄弟たちにヨセフはこう話します。「私をここに売ったことで、今、心を痛めたり自分を責めたりしないでください。神はあなたがたより先に私を遣わし、いのちを救うようにしてくださいました。……私をここに遣わしたのは、あなたがたではなく、神なのです」（創世記四五章五～八節）。

これは過去の辛い出来事を神の意味ある計画として受け取ったヨセフの信仰を表す実に感動的な言葉ですが、過去というものに対してこういう解釈ができるようになると、人生は全く新しく意味をもつようになります。

イエス・キリストも「わたしがしていることは、今は分からなくても、後で分かるようになります」（ヨハネの福音書一三章七節）と語られましたが、確かに後になって、それまで理解できなかった出来事のもつ深い意味や、神の「摂理」とも言うべきものがわかってくることがあります。

もっともここに至るまでには、体の傷が癒えるのと似て、それなりの時間を要し、簡単ではないことは確かです。しかし、たとえそうだとしても過去をきちんと回想してゆくならば、少しずつではあっても、それを体験できるようになっていくのではないかと思います。

「生きることの大半は生きてきたことを振り返ることにあります」と言った人がいます。これは不思議な感じのする言葉ですが、言われてみれば確かに、今日という日を前向きに生きていくためには、振り返って過去に折り合いをつけておかないと前進することはできません。言い換えると、過去をどのように回想し、そこにどのような意味を見いだすことができるかが「今日」という日の質を決定すると言ってもいいのではないでしょうか。

「こもること」が語るもの

人と人とが良い関係を保って生きていくのは、いつの時代も難しいことですが、現代はこの時代の精神世界を反映しているのでしょうか、独特の難しさがどこにでも現れてきています。わけてもお互いがどのくらい近づいていいのか、またどのくらい離れていたらいいのか、ほど良い心理的距離をつかむのが結構難しいのです。

それでも関係が成立しているならば良いほうで、あまり心理的な負担が重くなりますと、つい人とのかかわりから「引いてしまう」ということになります。

しばらく前のことです。一人の女子学生がこんな質問をしてきました。

「先生。私は自我がとても弱く、意見の強い友達と話していると、すぐ傷ついてしまい、だんだん話すのが嫌になって結局は引いてしまうんです。どうすれば自我を強くすることができるのでしょうか」

彼女は涙ながらに、希薄な対人関係と脆弱な自我についての悩みを語ってくれました。説明の仕方はともかく、現代はこういう種類の悩みをもっている人がとても多いのです。ことに若い人たちにとって、これは程度の差こそあれ、だれもが抱いている共通した悩みではないかと思います。

しかしこの学生の場合はまだ良いほうです。悩みながらも学校に通い、真剣に自分自身とも向き合い、何とかしようと相談に来るほどの積極性があるからです。ところが、この「引いてしまう」ということが人間関係全体に、しかも長期間にわたっている場合があります。いわゆる「引きこもり」と言われるような状態に入り込んでしまうケースです。

これはいわば人間関係から全面的に撤退することですから、とても辛く苦しいことです。ある意味では心の闇とも死とも言っていいような世界かもしれません。いま日本には、様々な事情でこのような状況に置かれている人たちが数十万人もいます。これはこの時代の苦悩と言っていいでしょう。

紙幅の関係もあり、ここで「引きこもり」の原因論や対応策について言及することはできませんが、私がここ十数年ほど、この種の問題にかかわってきて考えさせられてきたことの一端をお伝えしたく思います。

まず何よりも、これらの問題が以前には存在せず、近年になって現れてきた現象であることを考えると、これは単なる個人の病理というよりも、現代社会の病理とも言えるようなものが背景にあって生じている現象に思われてなりません。

そこには家族構造や地域社会の変化によって人間関係が希薄になったのに加え、競争原理や成功の哲学を刷り込まれてでき上がった戦後日本の文化が背景としてあります。ことに現代の若者の多くは偏差値的な価値観や不健全な相対評価にさらされて教育されてきたためでしょうか、様々な心の課題（低い自己像など）が未解決のままで青年期・壮年期を迎えています。

もちろん人にもよりますが、こうした時代の雰囲気や文化に馴染めず抵抗感を覚える人があっても不思議ではありません。見方を変えれば、つい「引いて」しまったり、また何かのきっかけで「こもって」しまったりするような人たちの存在は、ある意味で体を張って「この時代の何かが変なのですよ」と警告してくれていると言ってもいいのかもしれません。

もう一つ留意したい点は、こういう苦しみや悩みは意味のあるものにもなり得るということです。通常人間はどちらかと言えば心のエネルギーを外へ向けています。目的達成、自己実現と。それが普通なのだと思います。

しかし何かのきっかけで挫折したり心が深く傷つけられたりしますと、それは内に向かいます。場合によってはそれがきっかけで現実から身を引いてしまうようなことがあります。「引く」とか「こもる」というと否定的なイメージが付きまといますが、人生にはそうならざるを得ないような心の事情が生ずることがあるのではないでしょうか。そしてそのようなことでもない限り、見えてこない世界があるというのも確かなことです。

確かに「引きこもり」には他者との関係性の修復という課題があります。何とかして他者とつながり、難しいコミュニケーションにも慣れていかなくてはなりません。恐れや不安などの精神症状が強く、日常生活に支障が出るようであれば、カウンセリングを受けることも必要でしょう。

しかし一方において、このような心の闇とも言うべき状況に直面した時、人は真剣に自己と対峙し、人生の意味や目的を問う機会を得ることにもなります。聖書に「見えるものにではなく、見えないものに目を留めます。見えるものは一時的であり、見えないものは永遠に続くからです」（コリント人への手紙第二、四章一八節）とありますが、こういう内なる世界に目覚めるのも、闇とも感じられるような経験を通してであろうと思います。「こもる」ということには、このような積極的な側面も含まれていることを知ってほしいと私は思っているのです。

自己像を振り返る

しばらく前のことです。忙しいスケジュールの隙間をぬって、家族で、絵本展に行ってきました。こう言うと、いかにも絵本が趣味で研究でもしているかのように見えるかもしれませんが、そうではありません。

以前、イギリスの絵本作家の作品を翻訳し、それをテレビ番組（ライフ・ライン）でお話ししたことが端緒となって、絵本という媒体のもつ不思議な魅力に興味をもち始めたというレベルのことです。もっとも娘たちが児童文学や絵本に興味をもっていましたので、間接的な刺激はいつも周辺にあったのですが。

鑑賞していて、たちまち私の心を捕らえた作品は『ペツェッティーノ　じぶんを　みつけた　ぶぶんひんの　はなし』（レオ＝レオニ、好学社）です。

四角い小さな石ころのように描かれている主人公が、自分はだれかの取るに足りない「部分品」ではないかと思い込み、それを確かめたくて、「もしもし、ぼくは　きみの　ぶんひんじゃ　ないでしょうか？」といろいろな相手を訪ね歩くという物語です。

彼は自分よりはるかに大きい「はしるやつ」、「つよいやつ」、「およぐやつ」、「やまのうえの　やつ」、「とんでるやつ」のところへ次々と行って同じ質問をして回りますが、どこへ行っても、お前は私の部分品などではない、と半ば嘲笑ぎみに扱われるのです。

彼は最後に「かしこいやつ」のところに行って、その質問をすると、「こなごなじまへ行くように言われます。早速ボートに乗ってやっとの思いでたどり着いた所はなんと草木一本ない小石の山。彼はそのごつごつした山を登って行くのですが、やがて疲れ果て、ついに山から転げ落ちて、粉々になってしまいます。そのとき彼はそのばらばらになった自分の姿を見て、自分もまた部分品が集まってできていることを初めて知るのです。つまり自分も一個の完成された存在であったことを知ったわけです。彼は元気を取り戻し、散らばった自分自身の部品を拾い集め、船に乗って帰って行きました。そして帰りを待っていたみんなに会って、「ぼくは　ぼくなんだ!」と大喜びで叫んだというのです。この「ぼくは　ぼくなんだ!」がとても印象的です。

作品を読んで、これは現代の多くの人たちに自己像（セルフイメージ）の振り返りや修正を促しているように思えました。それは世界中どこにでも見られる普遍的な問題ですが、とりわけ生産性至上主義・効率主義の下、高度経済成長の時代を生き抜いてきた日本人、またその時代の負の遺産とも言える成長神話や相対評価にさらされてきた世代の人たちにとっては、心を深く探られる衝撃的なメッセージを放っているように思われました。

そのような時代を通された多くの人たちは、自分という人間は小さな「部分品」であるかのような感覚に捕らえられてしまっているのではないでしょうか。これはある程度自分のビジョンや目標を達成し、成功したと思っている人でも例外ではなく、今はともかく自分はいずれ不用な部品として捨てられるのではないかと不安感を抱いている人も少なくないと思います。

とりわけ中年期を迎えている人たちの中には、表面はともかく、心のどこかでこの絵本の主人公のように自分は大して役にたたない部分品であるかのような低い自己像が張り付いてしまって、心の中はいつもうつむき加減になっている人が多いのではないでしょうか。

しかし、この主人公が自分の本当の姿を発見したように、私たちも、だれが何と言おうと部分品ではなく一個の完成された存在であるという自己認識をしっかりもちたいと思います。組織や共同体のどこにいようと、どんな役割を担っていようと、私たちは単なる部品ではなく代替不可能な存在なのです。パウロはエペソ人への手紙の中でこんなことを記しています。

「私たちは神の作品であって、良い行いをするためにキリスト・イエスにあって造られたのです」（二章一〇節）と。

私たちはそれぞれ、固有の価値をもつ「神の作品」としてこの世に生かされているということです。そういう自己価値を認識することは人間として健全なあり方なのですが、そう認識ができるのは、あの小さな石ころのような主人公が山から転げ落ちて、バラバラになった部分品を見て初めて悟るようなことかもしれません。しかしそうなってからでは何とも悲しい感じがします。できれば普段の生活の中で「神の作品」であることを、心の奥深くでしっかりと理解しておきたい。それがこの絵本を通し私が学んだことです。

木は空という背景があるから

説教や講演などの奉仕でホテルに泊まると、枕が変わるせいでしょうか。必ずと言ってよいほど、真夜中の二時頃に目が覚めます。翌日の仕事が気になっているためかというと、どうもそういう感じもしないのです。意識にはない何かを気にして頭が目覚めているのだと思います。

ある年の夏のことでした。外泊をしなくてはならない集会があった夜のことでした。案の定、いつもの時間に目が覚めました。このようなとき、私は決まって少し難しめの本を眠くなるまで読むことにしています。しかしその夜は黙想や思索に役立つような古今の名言とその内容に合わせたような絵画が対になっている小さな本を読みました。これは私にとって普段とはやや異なる読書です。真夜中ではありましたが、「色のついた思索」とでも言うべき世界に浸ったのです。その中で特に目に留まった文章は「リンドバーグ夫人」でよく知られているアン・モロー・リンドバーグの言葉でした。

木は空という背景があるから
意味があるのです
わたしの生活には
どうやらこうした
意味が欠けているようです
だからうつくしさも
感じられないのでしょう
わたしの生活には
なにかを入れられる空間が
ありません

時間のゆとりがないのです。

（『簡素に生きることば』偕成社）

一読して、生活の中に「時間のゆとりがないのです」という言葉が、私の現実そのものを表しているためか、何の抵抗もなく、すっと心に入りました。納得という感じです。けれどもこの夜、思索と黙想の対象となったのは「木は空という背景があるから、意味があるのです」という冒頭の言葉でした。これは絵が好きで美術部に入り、時間があれば制作に没頭していた学生時代を思い起こさせました。ですから言葉の意味は経験的によくわかるのです。

確かに背景（バック）がどうであるかによって絵は生きもし死にもします。だからといって、バックが目立ち過ぎると絵にはなりません。そこが難しいところです。ドラマで言えば、さしづめ主役と脇役のような関係と言っていいかもしれません。名脇役がいて主役が引き立ちます。その意味で脇役は非常に大切な役割を担っているわけです。

ひるがえって、私たちも人生を考えてみますと、様々な場面において、時には「木」のような主役とも言うべき立場に立たされたり、「空」のような脇役のような所に立たされたりすることもあります。日が当たったり当たらなかったりというのが人間の現実です。もちろんこれには個人差もありますが、主役になるようなことは、割合から言うと少ないことではありますが。

しかし人はそれがわかっていても、概して脇役などをつまらなく思うところがあるのではないでしょうか。自分に日が当たり用いられると力を入れ、用いられないと力が入らないだけでなく、場合によっては、立場や役割から引いてしまう人もいます。

けれども「木」を生かすために喜んで「空」になっている人の姿は美しく、人を引き付けるものがあります。この夜の思索と黙想の行き着いたところは、「空という背景」になれる人は、本当の意味でだれからも喜ばれる「木」にもなれるのではないかという気づきでした。この気づきに連鎖して、かつて読んだ本の中に書かれていた「人を日陰におくのではなく、日向において……」という言葉を思い出しました。そうできればよいのですが、これはなかなか難しいことです。なぜなら人はみな本能的に自分を日向におきたいという性向をもっているからです。しかし本当に心豊かな人生は人を日向におくような心をもって生きることではないでしょうか。

「背景」とは少し意味合いが異なりますが、その夜、ふと「人の子（イエス・キリストを指す）も、仕えられるためではなく仕えるために……来たのです」（マルコの福音書一〇章四五節）と言われたイエスの言葉を思い出しました。「空のような背景」になるということは、このイエスの仕える心を心とすることなのだと、その夜はしみじみと思い巡らしながら本を閉じたのでした。人から見て「きれいな木だ」と言われなくても、「意味のある空に」という気持ちをもてたら、人生はどんなに素晴らしいことかと呟きながら。

Part2 For Friend

第2部 心を配慮する友のために

慰めの言葉はどこから

他の人の苦しみは本当のところよくわからないものです。悲嘆の度合いが深ければ深いほどそうです。私は牧師またカウンセラーとして多くの方々の苦しみや悲しみを聞いてきましたが、近頃になって身に染みてそう思うのです。

そもそも人の悩みというようなものは、その身になってみなければわからないものです。だから最近はつとめて、わかったような顔をしないようにしています。「それわかる、わかる」などとは簡単に言わないということです。このことについてポール・トゥルニエは『人生を変えるもの』（ヨルダン社）の中で私に良い示唆を与えてくれました。

偉大なキリスト教思想家キェルケゴールは死の床で言いました。「私の人生は大変な苦しみだった。他人にはとてもわかるまい……。」彼は苦しみというものは人に分かつことのできないものであることを特に強調しました。他人の苦しみを本当に測り知ることは不可能です。推測できるだけなのです。

しばしば人は「あなたのお気持、よくわかります」と言いますが、大抵は嘘。苦しむ本人は、苦しみが他人にコミュニケートできないことくらいよくわかっています。

これは本当のことです。人間理解や感受性などの訓練を十分受けているカウンセラーであっても、不適切な対応をしてケアに失敗することはいくらだってあります。苦しんでいる人には、その共感が本物かどうかすぐわかるのです。

しかし、ここで考えてみたいことは、他の人の苦しみについてわからないのは当然であったとしても、だからといって開き直るのではなく、人間存在の奥深さというものをしっかり心に刻み、相手から何を聴き、そこに何を見、何を語るのが最も人の心と魂の支えになるのかということです。前述のトゥルニエの文の続きにこんな話が記されています。

ある時ひとりの未亡人が、打ちひしがれて私のところに来られました。「奥様、実際、私自身が自分の妻を失うまでは、一人取り残された苦しさを本当に理解することはできないと思います」と言うと、夫人はびっくりして「大抵の方は私を慰めようとされたのに、本当のことをおっしゃったのは先生だけです」と言われました。……たしかに慰めるためとは言いながら、全然慰めにならない言葉がずいぶん交わされています。

私たちは苦難に遭遇している人を見ると、何とか励まそうとします。しかしトゥルニエのように、真に人を慰めることのできる言葉はなかなか出てきません。それどころか、つい苦難について解釈や分析をしたり、また自分の人生経験などをしゃべり過ぎたりして、かえってストレスを与えてしまうこともあるのです。

とくに宗教というものは、この点について十分気をつけなくてはなりません。それは、

「あなたがこういう苦しみにあったのは○○の理由です」と単純な因果関係論で説明しようとする傾向があるからです。苦しんでいる人にとって説明や解釈は何の慰めにもならないのです。

いったいトゥルニエと私たちの何が違うのでしょうか。これには彼の精神療法家としての人間に対する理解力や洞察力の深さということも考えられます。多くの人はごく自然にそう思うでしょう。しかし私がトゥルニエの生涯について学んでいく中でわかったことは、彼が人を慰めることができたのは、彼自身が深い慰めを受けた人だったからということです。

彼は「三十歳になって初めて他の人の前で涙を流して小さい時から心の奥に秘めてきた孤児としてのつらい悲しみを打ち明けた」と告白しています。それまでだれにも話せなかったというのはどんなに辛かったことでしょうか。

私たちは、自分の心の奥深くの悲しみを涙を流して語ることができる相手がいることによって深い慰めを受け、その慰めに力づけられて、他の人の悲しみを癒やす言葉を語ることができるようにされていくのではないかと思います。

使徒パウロの言葉を借りて言えば、「あなたがたが私たちと苦しみをともにしているように、慰めもともにしている」（コリント人への手紙第二、一章七節）と言い得るような関係の深まりが、人の心から慰めの言葉を引き出すのではないでしょうか。

失敗を語るときにも

悩んでいる人を見ると、何とか励ましてあげたいという思いになって、つい自分の苦労話を語りたくなるものです。

「私も若い頃、そんなことがあってとても苦労したわ」

「人間だれだって失敗や挫折を繰り返しながら成長していくものじゃないかしら」

「僕なんか君よりもっと大変だったよ。実は昔、こんなことが……」

といった具合にです。中には聞いているほうが疲れるほどに、得意げに延々としゃべり続ける人もいます。

このような話の中には時として味わい深く、またなるほどと思えるような示唆に富んだものもあり、それこそ励まされる場合も多くあります。それを考えますと、同じような問題に直面して悩んでいる人を見て、つい苦労話や失敗談を語ってしまう人の気持ちもよくわかります。多くの場合、それは善意として受け取っていいでしょう。

けれども、この失敗談というものは聞き手の心理的条件にもよりますが、聞いた後、なぜか心の深いところは癒やされない感じが残る場合があります。厳しい人生を生きていくうえでの教訓や参考にはなり得ても、何か心の外、あるいは表面にとどまってしまうと言っていいでしょうか、どうも心の奥の扉はなかなか開かない感じがするのです。

それはなぜなのでしょうか。だれもがそうだとは思いませんが、その一つの理由は教訓として失敗談を語ることのできる人の多くは、すでにそれを克服しており、失敗を語りつつも、いつのまにか無意識のうちに勝利者のような態度で話していることが多いからではないかと思います。それは失敗談というより成功談と言っていいかもしれません。聞かされているほうとしては、

「あなたはうまく乗り越えられてよかったわね。でも私は……」

という感じになるわけです。つまり、このような成功者と失敗者というような構図や雰囲

気の中では人の心は癒やされないのです。

もう一つの理由は、失敗談の中には誰が聞いても興味深くかつ共感できる部分がけっこうありますから、いつの間にか語られている話に聞き手が引っ張り込まれ、解決を必要としている悩みそのものは置き去りにされてしまうということが起こるからです。

こうなりますと、たとえ良い話を聞いて非常に感銘を受けたとしても、やはり心の深いところでは癒やされたという気持ちにはなりにくいのです。話を聞いた直後はともかく、結果は、

「とても参考になりました。でも……」

となってしまうことが多いのです。つまり話は良かったけれど、悩みはそのまま残っているということです。このような問題については、教える立場にある親や教師や年配者、中でも話の好きな人はよくよく注意しておかなくてはならないのではないでしょうか。

それでは、人生途上において様々な失敗や挫折を通して学んできた貴重とも思える気づきや体験などを、同じような苦しみの中にある人にどのようにお伝えしたらよいのでしょ

うか。今述べたようなことから言いますと、少なくともただ話せばいいということではありません。

このことについてはカウンセリングの経験からも教えられてきたことですが、失敗談が相手のためになると思われる場合であっても、それは「ごく控えめに」語られるのがよいのではないかということです。

それは話題がこちら中心にならないためです。また失敗談がもつある種の感動が、相手の心を操作したり依存させてしまったりすることにならないためでもあります。自分の経験から何か語りたくても相手がそれを求めるのでなければ、とにかく悩んでいる人の心に徹底して寄り添って聞き続けることがその人のためになるのです。

これはとても難しいことですが、そのように聞いてもらうと、人は「心の中で語り」（詩篇四篇四節）始め、心の深いところで自分自身と折り合いをつけられるようになっていきます。心の悩みというものは、このような自己対話を通して癒やされていくと言っていいでしょう。言い換えますと、心の扉は親身になって聞いてくれる人によって開かれてくるのです。

それには悩んでいる人が、自分の意識や関心をあまり外に向けてしまうことになってはどうも具合が悪いのです。このようなことが少しわかってきますと、たとえ教訓に富んだ失敗談であっても、悩んでいる人の前では、自分のことは控えめに語るようになっていくのではないでしょうか。

共にいてもらうこと

「共に」とか「いっしょに」という言葉に温かさを感じない人はいないと思います。それは、人はみな心の奥深くにおいて人とのつながりを求めているからです。というより、もともと人間は共に生きるように造られていると言ったほうがいいでしょう。

ことに現代のように人間関係が希薄というだけでなく、どこか「見捨てられ感」の伴った傷ついた孤独が蔓延している時代においては、「共にいる」「共に生きる」など、「共に」ということが明日を肯定的に生きていくための重要な課題となってきています。

とくに悲しみや苦しみの中にある人にとって、共にいてくれる人がいるかいないかはその回復を大きく左右します。悲嘆が深ければ深いほど温かで傷つけることのない、安全なだれかが共にいてくれることが必要になってきます。嵐に遭った船が錨を下ろして停泊する港のような存在と言っていいでしょうか。

けれども、この「共にいる」ということはそれほどやさしいことではありません。いっしょに生活しているから「共にいる」世界が必ずしも存在しているわけでもありません。単純に考えれば、家族などはいっしょに生きてきているわけですから「共にいる」ことができそうなものですが、これがなかなか思うようにいかないのです。ことに現代は家族機能そのものが衰退し、共にいることがますます困難になってきています。

では牧師やカウンセラーのような、人間を相手に援助的な仕事をしている人なら「共にいる」世界を容易に作り出せるのかというと、これもそれほど簡単ではありません。へたをすると、むしろ共にいることを困難にさせてしまう場合だってあるのです。それも気がつかないうちに。

かつてこの「共にいる」ということについて考えていたとき、新しい洞察を与えてくれたのは『コンパッション——ゆり動かす愛』（女子パウロ会）という本の中に記されていた言葉でした。

人を変えたり、その行いに影響を与えたり、新しいことをさせたり、新しい考えをもたせるような方法や技術を山ほどもっているとき、お互いがそこにいっしょにいるという、簡単そうに見えて実はたいへんな賜物を失う場合が多いのです。自分がそこにいる以上、何か役に立たなければと信じこんだばかりに、この賜物を失う羽目になるのです……。

ところが、わたしたちが慰めや安らぎを感じるのは、往々にしてお互いにとって「役にたたず」、控え目で、つつましくそこにいることなのだということを忘れています。

これは、体験を積み上げて生み出した人間援助の理論や技術などが無意味だというのではありません。ただここで心に留めておきたいことは、人は心が痛み、苦しみの中にあるとき、共にいてくれる「人」を求めているということです。黙っていても心が伝わってくる「存在」が必要なのです。

確かに「共にいる」というのはやさしいことではありません。親子のように長い間寝食を共にしてきたような間柄であっても、なかなかうまくいかないものです。とりわけ、「新しい考えをもたせるような方法や技術」などについていくらかでも知識をもっているような場合は「控え目で、つつましくそこにいる」というようなことが大変難しいのではないかと思います。

ではどうすれば、人は「共にいる」ことができるのでしょうか。これには感受性の訓練というものも多少役に立ちますが、何よりも「共にいてもらう」という体験が必要ではないか、と私は思っているのです。

わかりやすく言えば、人から助けてもらうことや励まし支えてもらうことを体験し、そのとき受けた慰めや温かさをしっかり心に留めることです。これはふだん人の役に立たなければならないと思って生きている人や、仕事などが援助的な立場にある人にとっては非常に難しいことかもしれません。与える人が受ける人になるということは少々惨めな気持ちにもなるからです。

しかし、人はだれかに「共にいてもらう」という生きた体験なくして、他者と真に共にいることは難しいのではないかと思います。使徒パウロはピレモンに「兄弟よ。私は主にあって、あなたの厚意にあずかりたいのです。私をキリストにあって安心させてください」（ピレモンへの手紙二〇節）と言っていますが、彼は人からの慰めと励ましを求めることのできる人だったのです。

このように、与える人は受けることができることが必要です。つまり、「共にいる」ためには、だれかに「共にいてもらう」という経験をしていくことが必要なのではないでしょうか。

自分本位の時間を共に

長時間にわたって人の悩みを聴き続けて疲れたとき、決まってかつて読んだ『愛とは何か』（小林司、日本放送協会出版）に書かれていた、精神分析医ブラットイの言葉を思い出すのです。

愛とは、相手のために相手本意に時間を与えるということである。

著者で精神科医の小林司氏はこの言葉を受けて、このように書いています。

心病む患者は、自分本位の時間を治療者が共有してくれるという体験によって癒されるのだ、と考えられている……。

この心理臨床の核心をついた言葉は、私の心に忘れられない刻印を残しています。

確かに、人は悩んでいる時には他の人のことなどを考える余裕がありません。みなひたすら自分のことを語り続けます。しかもそのほとんどが一方的にと言っていいほどです。その意味で悩んでいる人の話は「自分本位」なのかもしれません。心に余裕がないのです。

しかし、人の心が癒やされるには「自分本位」にさせてくれる相手が必要なのではないでしょうか。

最近のことですが、これはただ面接や電話だけでなく「手紙」でも同じことではないかと思うことがありました。形式は変わっても、書くことも聴いてもらうということなのです。

いただく手紙の中で便箋十枚を超えるものも珍しくありませんが、しばらく前、まだお会いしたこともない方から小型の便箋で、一度に七十枚以上にも及ぶ手紙をいただき圧倒される経験をしました。

その内容について詳しくは紹介できませんが、心を病んで苦しんでおられる方からの相談でした。もちろん病院で治療も受けておられますが、薬を飲んでいるだけでは生きていることにはならない、というような魂の呻きとでも言うべき悩み方なのです。手紙の中で繰り返される言葉は、

「つらい、苦しい、会ってお話ししたい」

というようなこちらも苦しくなるようなものでした。

私はこの手紙を受け取ったとき、まずその長さに驚き、いったいどのようにご返事すればよいのかと戸惑い、少々気持ちが重くなってしまいました。考えてみれば文字にしてこのくらいの長さの話は、面接や電話でいつも聴いているのですが、手紙では珍しいため特別に感じてしまったわけです。とにかくこのような長い手紙を受け取りますと、そんなに頼られてしまうことにある種の不安のようなものを感じ、はたして私に何かできるのだろうかという気持ちになります。

ところで、この普通ではない手紙を読んでいて改めて気づかされたことは、人の心が癒やされるためには、この普通ではないプロセスを必要とするのではないか、そして何よりもこの方が頼りになるのかならないのかわからない私を信頼して魂の苦悩を書いてくださること、それ自体がご本人の癒やしになっているのではないかということでした。

事実、随所に「こんな手紙を読んでくださってありがとうございます」などと感謝の言葉が記されているのです。この方にとって重要なのは、私の返事の内容よりも「こんな手紙」を読んでくれる人がいるのかどうかということなのだろうと思います。つまり、苦しい時には、「自分本位の時間を共有してくれる人」の存在が必要になってくるのです。

ところでこのことはよくよく考えてみますと、形こそ異なれ、だれもが経験してきたことではないかと思います。その規模はこの手紙の比ではありません。家族や友人たちとの関係を振り返りますと、随分と自分本位でわがままであったことを思い出します。自分勝手であったにもかかわらず、それこそ「自分本位の時間を共有してくれる人」たちの存在によって、今日という日があるのではないでしょうか。

加えて私はこの自分本位ということについて、もう一つのことを思い出します。それは私と神との関係についてです。考えてみれば、神はどれほど私の「自分本位の時間」を共有してくださったことかと。

若い頃を振り返ってみると、素直にすっと聖書の世界に入ることができたわけではありません。そこに書いてあることが正しいこと、理屈をつけずその教えに従って生きたほうが良いことがわかっていながら、「神が存在するなら、どうしてこんな事が」と嘆いたり、つぶやいたりしたものです。

しかし聖書の中にありますように、「主は私の切なる願いを聞き　主は私の祈りを受け入れ」（詩篇六篇九～一〇節）てくださったのです。この手紙の一件は、神が私の自分本位の嘆きやつぶやきを退けず受けとめてくださったことによって今があることを、改めて知らされた出来事でした。

心の傷を癒やすもの

人生の辛い出来事によって生じた心の悲しみや痛みは、長く私たちを苦しめます。中でも愛されなかったこと、つまり愛の欠乏や破綻によって心に傷を受けたような場合、その感情が癒やされるには長い時間がかかります。済んでしまった過去のことなのに、傷ついた感情はなかなか癒えないのです。

それは体に大きな怪我をしたような場合と似て、その傷が治るまでには長い時間がかかります。感情とか情緒はとても素晴らしい心の機能ですが、それはデリケートで傷つきやすく、精神生活を苦しいものにもさせてしまいます。

たとえば摂食障害（過食症・拒食症）です。悩んでいる人のすべてとは言いませんが、人生早期（主として乳幼児期）において、とくに母親から無条件に愛されなかったという背景をもっている人が多いように思います。

もちろん、自分が大人になれば親の心の事情、たとえば親もまた両親から愛されてこなかったため、わが子に愛を注ぐことができなかったというようなことがわかってくることがあります。

しかし、親の順調にいかなかった生育過程などをいくらか理解をすることができるようになっても、受けた傷によって生じた「見捨てられ感」のようなものは、なかなか拭い去ることができずに苦しんでいる人が多いのです。これはどのようにして怪我をしたのか、その原因に関する説明を聞いても、傷は手当てをしないと治らないのと同じです。

摂食障害に限らず深く傷ついて悩んでいる人は、過去の出来事をまるで昨日や今日のことのように感じています。十年も二十年も昔の小学生時代のことを「○年生の時、お母さんにこうされた」「あのとき言われたことは決して忘れられない」などと怒りながら興奮して語ることがあります。

痛みの程度にもよりますが、この種の心の傷が癒やされるには、それなりの配慮された時間が必要になってきます。それはちょうど体に怪我をした時と同じように、傷に包帯をして待たなくてはならないのです。今日薬を塗り包帯をしたから、明日にはもう治るというわけではありません。それは心の傷の場合も同じであると思います。

しかし私たちの心にはなぜか早く傷を癒やしたいという気持ちが起こってきます。感情や情緒の混乱は人格の根本的な障害ではないにしても、人間関係を悪化させ、生きる意欲をも喪失させてしまうものであることを考えると、早く解決したい気持ちになるのはごく自然のことです。とくに癒えるのに何年もということになりますと、そこにはとても辛いものがあります。

ただ、心の深い傷は安易な手段で癒やそうとしないことが肝要であると私は思っています。感情を抑圧したり、怒りを何かにぶつけたり、あるいは問題から逃避したりして傷を忘れさせようとする手段や、巷にあふれる即効性を説くハウツー式の対症療法などに頼らないことです。それらは一時的な手当てになっても、真の心の癒やしにはなりにくいと考えていいでしょう。

では、何が心の傷を癒やす真の手立てとなるのでしょうか。それは愛です。カウンセリングも助けになりますが、それが有効に働くためにもどうしても必要になってくるのが愛です。ある精神科医が長年の臨床経験から語った言葉が私の心に残っています。「心理療法やカウンセリングの中核は愛である。ことに愛の欠乏によって心の傷を受けた人は、愛によって癒やされるしかない」

これは本当です。確かに愛の欠乏によって傷を受けたような場合は、何らかの形で愛が注がれねば癒やされないのです。

その場合、親が子どもとの関係を修復して愛を注ぎ直すことができれば最善ですが、それができない場合は、親に代わるだれかが愛を注ぐことが必要になってきます。

ところで、この愛による癒やしをめぐって忘れてならない点は、愛を注ぐ者が傷の痛みがよくわかっていなくてはならないということです。人の痛みが理解できなくて人を援助するということは難しいのです。

この点について私が深い感動をもって受けとめてきた言葉は、聖書で預言者イザヤが語ったメシア（キリスト）に関する言及です。
「彼は蔑まれ、人々からのけ者にされ、悲しみの人で、病を知っていた。……まことに、彼は私たちの病を負い、私たちの痛みを担った。……その打ち傷のゆえに、私たちは癒やされた」（イザヤ書五三章三〜五節）
これはキリストの十字架上の自己犠牲的な愛による救いと癒やしを語っていますが、彼が「悲しみの人で、病を知っていた」、また「その打ち傷のゆえに、私たちは癒やされた」というメッセージは、傷の癒やしについての最高のモデルと言っていいでしょう。
人間にはこのような神の愛はありませんが、小さな愛であっても注ぎ続けられるとき、傷は次第に癒やされていきます。傷痕は体に傷を受けた場合のように心に残るかもしれませんが、残っても生きていくことはできます。それどころか、その傷は傷ついている隣人のための包帯ともなり得るのです。

それが「心の事実」であるならば

心が深く傷ついている人との人間関係は、反応が想像できないだけに気を遣わなければならないことが多くあります。

たとえば、かつてこんなことがありました。複雑な人間関係で悩んでいた女子大生のＫさんに、だれが読んでも慰めになると思われるような本をお貸ししたのです。この本は長い間多くの方々に読まれ、今も版を重ねているほどの温かな励ましと慰めに満ちている本です。私は、その本がきっとＫさんのためになるにちがいないと思って推薦したわけです。

ところが結果は、私の想像しなかったような返事が返ってきました。「私には、この本はどうも合いません」という意外な反応だったのです。何か書いてあることにひどく不満があるようでした。

彼女の場合は本だけでなく、人の言葉などに対しても似たような反応があるせいでしょうか、人との交わりや交際の範囲も非常に限られていました。だれがみても「あの人は常識もあり、人間関係も円満で良い人だ」と言われるような人に対しても、周囲の人たちとはかなり評価が異なっていました。彼女からは、「あの人に○○と言われた。私はそれで傷ついた」などという反応が返ってくるのです。

カウンセリングをしていますと、この種のケースは決して珍しいものではありませんが、問題はその度合いです。

前述のように大多数の人が読んで励まされるという本なのに、何か気に入らないところがあって、例外的なほど異なった反応を示すような人は、何か心に深い傷を負っている場合が多いように思います。

それはその人の思考回路が人と異なっているというのでなく、傷ついた感情がなかなか癒えないため、だれから何をどう言われても慰めにはならないということなのでしょう。

周囲の人はまるで腫れ物にでも触るような気の遣い方をして接しなくてはなりませんか

ら、よほどその人を助けたいと思っている人でなければ、わざわざ接する人はいなくなっていきます。これは傷ついた人の二重の苦しみ、悲しさと言っていいかもしれません。

こんなケースもありました。男のお子さんをおもちの方が二人目を妊娠したとき、単純な励ましの気持ちで、

「今度はお嬢さんがいいですね」

と申し上げたところ、むっとしたような表情で、

「私は女の子は嫌いなんです！」

と、ひどく不満に満ちた感情をぶつけられたことがありました。その方とはふだんから良い関係をもっていただけに驚いてしまいました。このような場合、たとえもう一人男の子が欲しかったとしても、「今度はお嬢さんが……」という言葉に気分を悪くするようなことはないのが普通です。

しかしこうしたケースに直面しますと、人はみな異なった人生を歩んできていることを知らなくてはならないと改めて思わされます。もしかしたら、この方にはご自分が女とし

て生まれたことを周囲から喜んでもらえなかったような悲しい物語があるのかもしれません。自分の出生の事情に傷ついている人は意外に多いのではないでしょうか。

ところで、このように心に傷を負っている人とかかわっていますと、あまりに自分の世界にだけ生きているように感じられ、ついその自己本位とも見える態度に対して少し説得的にかかわってみたいという誘惑にあいます。

「あの人の言うことも嫌だ。この人の考えも気に入らない」などと言われ続けますと、かかわる人はよほど寛容な心をもっていないと疲れてしまい、ついにはその人の問題点を指摘したくなるものです。

しかし、これには十分気をつけなくてはならないと私は思っています。他の人から見て何かわかりにくい反応であっても、その人にとってそれが「心の事実」であるとするならば、とにかくそれをまず無条件で受けとめることによってしか救いも癒やしも訪れてこないからです。

本人が傷ついたと感じているならば、嘘ではないわけですから、それは本人にとっては心の事実です。だとするならば、それを一旦受け入れることから始めなくてはならないわけです。これが傷ついた人にかかわる基本的な態度ではないか、と私は以前にも増して強く思うようになってきました。

このような方々にお会いしてもう一つ教えられていることは、その傷つきやすさの中には良いものも見いだすことができるということです。人間に対する豊かな感受性、また事象に対する鋭い想像力や洞察力のようなものが内に秘められている場合もあります。

前述の本の例で言いますと、そのような人はもしかしたら著者さえも気づかないでいるようなことを、文章の微妙な表現の中に見いだしているのかもしれません。近頃になって私は、人をよく理解するには傷つきやすさの積極面もよく知らなくてはならないと思っています。

心の芯を暖めて

先日、ロシア文学の研究家N氏の書いたドストエフスキー文学に関する本を読んでいたとき、「ドストエフスキーと芥川龍之介」について言及している箇所からはっとさせられる体験をしました。

N氏によれば、ドストエフスキーと、彼の作品をよく読んだと言われる芥川龍之介の文章との違いは「文章の温度」にあるのだそうです。芥川はドストエフスキーのものから自分の小説の題材を得て似たようなものを書いてはいるが、二人の作品の温度がまるで違うというのです。

その違いというのは芥川の文章は芯が冷えているが、ドストエフスキーのそれはくどいけれど、熱い感情が流れているとN氏は言われます。私はこの「芯が冷えている」が気になりました。

N氏はこのことを説明するためにでしょうか、芥川の有名な作品である『杜子春』とドストエフスキーの『罪と罰』に出てくる主人公の最後の救済について、こんなことを述べておられます。

杜子春は俗悪なこの世の人々とは別の人間らしい暮らしによる幸福を求めたが、『罪と罰』のラスコーリニコフは監獄に入ったけれど他の囚人たちと感情が通じ、彼らと共に生きる者となることによって幸福になっていった、そこに連帯の感情による救いについての考え方の違いが見られるというのです。

ここで二つの作品を詳しく比較する余裕はありませんが、前述した「文章の温度」とは、作品にこの「連帯の感情」ともいうべきものが流れているかどうかの違いなのだろうと思います。

N氏はこのことを説明するために『カラマーゾフの兄弟』の中の「人間を真に支え守る力は、その個人の孤立した努力にではなく、人びととの共なる一体感の中にある」という言葉を引き合いに出されるのですが、この言葉は連帯の感情の大切さを端的に表現した名言ではないでしょうか。

さて、込み入った文学批評はその道の専門家にお任せするとして、私は自分の仕事との関連もあって、ここで人間の「心の芯の冷え」というようなものについて考えてみたいのです。

よく現代は人間関係が希薄になってきたとか、若い人たちの自我が脆弱であるとも言われますが、これは言い換えると、心の芯が冷えてきていると言っていいかもしれません。色でいえば少なくとも暖色ではないというイメージでしょうか。

最近の大学生を例にとりますと、人間関係をうまく調整することが煩わしいのでしょうか、あるいは自分が他者と向き合うことに恐れと不安があるためでしょうか、「人間関係」というものにあまり重点がおかれていないようです。これは一昔前とは著しく変化してきている点です。といっても携帯電話などによる個人的な情報のやり取りは頻繁です。

しかし、対面型のコミュニケーションが苦手になってきていることは確かです。

これは単に若い人たちだけの問題ではないように思います。現代人は孤立化しつつあります。引きこもりという現象なども ある特定の人たちの問題と見るよりも、社会全体、日本の精神世界が「引きこもり的」になっていると考えたほうがいいかもしれません。まさに心の芯が冷えているのです。

この「心の芯の冷え」の背景には現代の文化や家族構造の急速な変化などが考えられますが、それを修正するのは簡単ではありません。では、今できることは何でしょうか。まず身近なところから始めることです。

それにはまず、家族関係や友人関係というものを見直し、そこに真の交わり（コミュニオン）を作っていく努力をすることではないでしょうか。

それは単なる集団を作るということではなく、喜びや悲しみを共にする、それこそドストエフスキーが語る「人々と共なる一体感」を心身で感じることのできる交わりの世界を構築するということです。とても難しいことかもしれませんが、これを「互いに愛し合うこと」（ヨハネの福音書一五章一二節）によって作り上げていくことが必要ではないかと思うのです。

聖書は繰り返し「互いに」を強調していますが、この「互いに」という世界ができてくるとき、お互いの心の芯が温められていくのではないでしょうか。とにかく心の芯を冷やさないようにしたいのです。

好かれて生きるには

だれからも好かれるということは望めなくても、身近な人から好かれて生きられるなら、それは幸せなことであり、人生における一種の業績に近いようなことかもしれません。なぜ業績なのかと言えば、好かれるというのは一つの人間関係能力・コミュニケーション能力とも言えるからです。

多くの人の中には生得的とは言い切れなくてもパーソナリティの作りがいいというか、人柄そのものが好かれるというような人がいます。欠点がないわけではありませんが、それが人間関係を破壊したり不愉快にしてしまったりすることがないのです。それどころか、何もしなくても側にいるだけで周りをほっとさせる特性をもっていて、気負いのようなものが見られない人です。そんな人を見ると妬ましくとまではいかなくても羨ましくなります。おそらくそういう人は幼少期から良い両親や教師、また友人たちに恵まれて生い育ったのではないかと思います。

けれども、そのような恵まれた生育環境で育てられた人は多くはいません。普通の場合、人から好かれ信頼されるには、それなりの苦労や失敗を積み重ねていくのではないでしょうか。

そして、そうした中で与えられた経験的な知恵には貴重なものもあります。その人なりに積み上げてきた人間関係の処方箋のようなものです。しかし本当に良い人間関係を作り上げていくには、個人の経験だけではちょっと危なっかしい場合もあります。それはその人が接する人間関係の範囲や相手が制約されており、したがって経験も限られてくるからです。

たとえば大きな悲しみに遭遇して気力をなくしたことのある人は、同じような経験をもつ人の気持ちが以前よりはわかるようになります。少なくとも同情することはできます。これは一つの事実でしょう。

しかしここで気をつけなくてはならないことは、他の人も自分と同じ気持ちに違いないと思いやすく、心の深読みや読み違いをしてしまうことがあるということです。人は同じような経験をしても同じ心理状態ではありません。つまり人間を真に理解するには、自分の経験だけでは不十分で判断が難しいのです。

こうした心の事情を考えると、人から信頼され、また好かれて生きていくためには、個人で体得した知恵をよく検証するとともに、さらに広く普遍的な知恵をも学んでおくことが必要ではないかと思います。人生は長く生きていても気づかないでいることはいくらでもありますし、自分の気づきには限度があり時間もかかるのです。

それには、人間関係に関する本ならどんなものにも出てくる「要諦《ようてい》」に近いようなものを少し心得ておくならばかなり助けになります。学んですぐ実行できるかどうかは別として、まずは知っておくということです。

たとえば人に会えば自分ばかり話をする、人に取り入る、自分の経歴や肩書きをひけらかす、話が人の悪口や噂になる、人のことを根掘り葉掘り詮索する、人に近づき過ぎるなど、これらは人が離れていく原因となります。

また結婚（既婚・未婚）、学校（偏差値・学校名）、職業（地位・立場）、身体（顔・身長・体重）、子どもや孫などの話題も相手をよく見て十分配慮して話さないと、人から嫌われ人間関係を損なうことにもなります。しかし、これらはどれもいざその場になると意外に気づかないものです。

一例を挙げると噂話です。これはよくよく注意しなくてはならないことの一つです。人の噂にはみな興味がありますから、相槌を打ちながら聞いてくれます。この場合、話すほうは、相手が喜んで聞いてくれている様子を見て、自分が信用されていると考えてはならないのです。

噂話を聞いていますと、聞き手のほうにある種の不安が出てくることがあります。それは、この人はもしかしたら私のことも、こんなふうにだれにでも話すのではないかと（確かに一旦関係が損なわれるとそうなります）。こうなりますと、人は表面上はともかく、噂の好きな人とは次第に距離をおくことになってしまいます。

さて、このようなことはわかっているようでなかなか身につきにくいのです。しかし、人間関係はトレーニングができるものでもあって、どうにもならないということではありません。少し意識的に心掛ければ次第に実を結ぶようになっていき、自分次第で希望がもてるものなのです。

旧約聖書に「自分の唇を制する者は賢い」（箴言一〇章一九節）とあるとおりです。私たちは好かれることを目的に生きるわけではありませんが、少なくとも嫌われないように心掛ければ、好かれるようになっていくのではないでしょうか。

ここから始めなくては

やっぱりここから始めなくてはならないと納得したことがあります。私は牧会の傍ら某大学の臨床心理学科で家族心理学（家族療法）を教えていますが、ここ六、七年ほど毎年授業期間中に一回、四十～五十人の学生に「あなたは人からどのように言われたら、またされたら、優しさや愛を感じますか」というアンケート（記述式）を行ってきました。

これは揺れ動く現代の青年心理を知ること、また年配者が若い人たちとどのようにかかわるのがよいのかを知るための参考に、と考えて始めたものです。それは、心というものは家庭を含め社会の価値観などの影響を受けて出来上がってくるものでもあるからです。ですから、人は時代によって何に傷つき、何に癒やされるのかわからないようなところがあるのです。

書かれてくる内容は、各々の抱えている悩みの種類や家族関係また属するコミュニティーによって異なりますが、最近のアンケートで特徴的だったのは次のようなものでした。言葉としては「ありがとう」、「ごめんね」、「大丈夫？」の三つが多かったのです。表情や態度としては、穏やかで、さりげなく、そっと寄り添うようなかかわり方を求めていました。中には目を見て、相槌を打ったり、うなずいたりしてくれると優しさを感じる、とまるでカウンセラーのような親和的態度を求めている学生もいました。

「大丈夫？」なども上から励ますのでなく、「無理しないでね、気をつけてね」という思いやりの感じられる雰囲気を求めています。また「話している途中に割り込まないでほしい」と会話の礼儀を書いてきた学生もいました。こうなると、何かと熱くなってうるさく教えまくるような世代の大人たちは距離をおかれてしまうことになります。機会があれば、しゃべりたくてしようがない大人たちは、悲しいけれどアウトです。

そのほか、この時代の心を反映した応答が多々ありましたが、前述の三つの言葉などは当たり前のことなのですが、改めて考えさせられる人間関係のテーマであることを、この時代の中で再確認させられました。

「ありがとう」は感謝をすることです。人は感謝されると自分に対する価値感情が上昇します。「ごめんね」は謝罪や悔い改めを表す言葉ですが、そう言われると、何かあっても敵対感情が消失するだけでなく、素直な気持ちにもなれます。そして「大丈夫？」は使い方が難しいのですが、「ありがとう」、「ごめんね」という文脈の中では、気遣ってもらっている、配慮されているという気持ちになります。これを「目を見て、相槌を打ったり、うなずいたりしてくれると、優しさを感じる」というのは贅沢な要求かもしれませんが、そうされたらだれだって嬉しいでしょうし、心の部屋を閉じている人なら、扉を開けるようなことになるのではないでしょうか。

考えてみれば、これらのすべては、すでに聖書が教えていることであって、円満な人間関係を形成するための基本でもあるのです。若い人たち固有のニーズではなく普遍的なものと言ってよいと思います。

「ありがとう」という感謝の言葉は「すべてのことにおいて感謝しなさい」（テサロニケ

人への手紙第一、五章一八節）と記されていますし、「ごめんね」という謝罪や悔い改めについても「互いに罪を言い表し」（ヤコブの手紙五章一六節）と勧め、それに加え「互いに親切にし、優しい心で赦し合いなさい」（エペソ人への手紙四章三二節）と赦し合うことも教えています。「大丈夫？」という他者への配慮や援助については、「善きサマリア人」のたとえ話（ルカの福音書一〇章三〇～三七節参照）をはじめ聖書の随所に隣人に仕えることを示す言葉が出てきます。

私は学生のアンケート結果を通して、この当たり前のようで実際は忘れられ、怠っているような声かけや態度について、その大切さを改めて考えさせられました。とりわけ学校も社会も競争原理を基盤としているような社会環境の中にあって、このような人間として当たり前の生活を忘れないようにしたいと思わされたことでした。

現代は、ＩＴ技術が日進月歩で進化している高度情報化社会の出現により対面型のコミュニケーションが希薄になっている時代です。そうした中で、一言、「ありがとう」と感謝し、「ごめんね」と謝り、ちょっと相手の身になって「大丈夫？」と心を気遣う言葉を発することができたら、家庭も職場も血流が良くなるような変化が起こるのではないでしょうか。

Part3 For Family

第3部 心を分け合う家族のために

愛されていないと言われても

少し特殊なケースに感じられるかもしれませんが、家族相談や教育相談の現場でこのような言葉を聞いてきました。

「私は今まで生きてきて、お父さんやお母さんから愛されていると感じたことはなかった」（大学生）

「お母さんは、私の身の回りのことだけでなく考え方に至るまで何から何までコントロールしている。一日も早くこんな家を出て行きたいけれど、今は自分で生活できないから我慢している。いつか……」（高校生）

「（母親に暴力をふるった後で）おれは、本当はこんなことをしたくないんだ。あんたが

悪いからこういうことになったんだ。悪いのはそっちだから謝れ」（浪人生）

これらはいずれも思春期・青年期の子どもたちが語った親への不満と怒りの声ですが、わが子からこんなことを言われたり、思われたりしていたことを知って衝撃を受けない親はいません。

長い間苦労して育ててきて、しかも良かれと思ってやってきた末に、こんな言葉を聞かされては、だれだって敗北感や挫折感を味わいます。最初の大学生のケースなどは、ある日突然の告白だったそうです。心を込めて一生懸命育ててこられたご両親としては、「今まで愛されていると感じたことはなかった」などと言われた日には、ショックで立ち上がることができなかったのではないかと思います。

こういう話を聞くと、そう言わなくてはいられなかった子どもの気持ちと、そう言われた親の気持ちの両方を考えてしまい、とてもやり切れなくなります。親も子もどんなにか大変なことでしょうと。

このようなとき、これをどう受けとめたらよいのでしょうか。冷静に受けとめることはなかなか難しいと思います。表面はともかく、心は動揺して乱れるのが普通です。

多くの場合、反射的に「何ということを言うのでしょう、この子は。親の気持ちも知らないで」という気持ちになるのではないでしょうか。少し短気な人なら「だれのおかげで今まで……」となりかねません。

しかしこういう時は、ちょっとひと呼吸して騒がしい心を落ち着けたいのです。実はこのような対決的な状況は、すべてが悪いわけではありません。子どもがそのように思い切ったことを言うのは、自分の感情も傷つく覚悟で親に対峙する、ある意味で勇気ある行為でもあります。子どもとしては、そうでも言わなければ、今その家庭の中で、また将来も自立的に生きてはいけないという課題に直面しているのです。言葉はひどく否定的ではあるけれど、子どもが自分らしく成長するための呻き声と考えてよいでしょう。

それに親としては、そんなことでもなければ自分が愛情だと思ってやっている行動が、子どもにはそのように感じられないという気持ちのズレや、心の読み違いなどにも気がつかないわけです。

そう考えると、子どもの意外な言葉や行動などは親にとっては大変意味のあるものであって、ある意味で感謝すべきことなのかもしれません。それは、親が、また家族全体が成長する機会ともなるからです。

できればこんなとき、

「そうだったの。お母さんは、あなたがそんなふうに感じていたとは知らなかったわ。長い間、あなたのことを理解できないでいたのね。ごめんね」

と言ってほしいのです。

親のほうにも理屈はあるでしょう。しかし子どもが「愛されていない」と感じているならば、それは否定しようがない心の事実であるわけですから、それをまず受けとめることです。

たとえ「愛されていない」と言われても、そこで「お前のために、こうしてきた、ああしてきた」などと言わないで、「愛されていない」と感じているその感情をそのまま受けとめることが、親子の関係性の修復への第一歩ではないかと私には思われてなりません。

友の愛という包帯によって

　ある所で家族問題について講演した時のことです。集会後、子育てに悩む若い母親からこんな相談を受けました。

「先生。本当に情けない話ですが、私は自分の子どもにどうしても愛情というものがもてないんです。かわいいと思えないのです。ときどきすごく憎らしくなることも……。親として少し異常じゃないかと思うんですが、悪いとわかっていてもどうしようもないのです。そんな気持ちをもっていることに罪悪を感じて落ち込んでしまうのです。親としてこれからどうすれば……」

　本当に痛々しい話です。ご本人の生育過程などを聞いてみますと、単に親の愛情が足りなかったというだけでなく、精神的に深く傷つけられた辛い幼少期を過ごしてこられたこともわかり、同情に堪えませんでした。現代はこのような悩みを抱えている人たちが意外に多く、最悪の場合は育児放棄や虐待に至るケースも珍しいことではなくなってきました。

このような相談を受けるたびに、人が人として普通に成長し、良い人間関係と平和な家庭を築いていくためには、何がなくてもまず「愛されること」が絶対不可欠な条件であると今さらのごとく感じます。とくに、人生早期における母の愛は最も大切なものと断言してもいいと思います。

私は長い間、家族相談にかかわっていますが、相談内容は主として思春期・青年期の問題です。しかしいつもお話をお聞きするうちに、問題の背景や原因などをたどっていきますと、児童期さらに乳幼児期の発達課題にまでさかのぼらざるを得なくなってしまいます。

とくに母子関係において子どもが安定した「愛着」や「基本的信頼」を獲得して育てられてきたかどうかが決定的な問題となるということを、繰り返し考えさせられてきました。ふだん使われている言葉で言えば「母性愛」です。これはどれほど強調してもし過ぎることはないと思います。

愛というものは本当に不思議な力をもっていて、人は愛され受容されると自分の存在価値（自己価値）を知ることができるようになり、おのずと他者に対する温かい対人感情や情緒的なコミュニケーションも可能になってきます。

そのように考えると、人が愛されて育つということは、自分の周囲の者に対して素晴らしい贈り物をすることになると言ってもいいでしょう。とくに結婚して子どもが与えられた場合、自分が愛されてきたということは、その子に対する最大の贈り物なのです。

しかし前述のように、不幸にも愛されず傷つけられ、あるいはわかりにくい愛で育てられたため情緒的に不安定な状態にある人はどうすればよいのでしょうか。即効性のある手立てがあるわけではありません。とはいえ、親が自分の養育態度を振り返り、子どもにとって実感できるように愛情を注ぎ直すことはできます。時間はかかるかもしれませんが、親子関係を構築し直すことは不可能ではないのです。

ただ、それとともにもう一つ心に留めたいことは、傷つけられてきた本人が自分を愛し、理解してくれる人に出会うことができれば癒やされていくということです。たとえば良き友に出会い、深い信頼関係が結ばれていくと、その友はおのずと包帯の役割をしてくれ、傷は次第に癒やされていくように思います。

ただその場合、友を通して自分のもっている問題に気づかされることはあっても、裁かれることのない真実で温かな交わりができる関係でなければなりません。その意味で、どういう友を選ぶかが大切なことになってきます。

知的障害者の施設、ラルシュ共同体の創設者ジャン・バニエは、友を求めることについて『小さき者からの光』（あめんどう）の中でこう記しています。

人が求めているものは、友であり、いっしょに歩んでくれる人です。……失望したり、苦しみの中にいるとき、人は真の友を探し求めずにはいられません。なぜなら、真の友は、希望を与え、苦境を乗り越える力を引き出してくれるからです。……破れたセルフイメージが癒される道はただ一つ、真実の交わりです。

傷ついた心が癒やされるためには、友の愛を通して、それまでの人生で得られなかった「愛されること」を学んでいくことが必要なのです。これは愛されなかった子どもの問題というだけでなく、子どもを愛せない母親、また人をなかなか愛せない私たちの心の宿題と言ってよいと思います。

イエス・キリストは弟子たちを「あなたがたはわたしの友です」（ヨハネの福音書一五章一四節）と呼び、その愛を注がれました。その愛は自己犠牲的な愛でした。私たちはキリストと同じ愛をもつことはできませんが、それをモデルとして「友」と呼び合える関係を作っていきたいものです。そこから傷ついた心の癒やしは始まります。友の愛は傷を包む「包帯」と言っていいのではないでしょうか。

共に苦しむ家族へと

「先生、うちの子は○○が問題なんです。どうしようもないんです」

「この子がもう少し変わる方法はないのでしょうか。このままでは……」

これは家族カウンセリングの現場で、しばしば親御さんたちから受ける、切ない質問です。みな子どもに変わってほしいと願っているのです。

子育ての悩みを抱えている親がこのように言いたくなる気持ちはよくわかります。始終こうでなくても時として嘆きたくもなるのは、人の子の親であるならば普通のことであると思います。

まして問題行動がエスカレートしたり、様々な精神症状が現れたりすれば、その行動や症状を呈している「その子」こそが問題なのだと考えてしまうわけです。症状というものは外に現れ、周囲を悩ませますから、どうしてもその子は問題の子、つまり「変わってほしい子」になってしまいます。

摂食障害などを例にとりますと、それは食行動の異常という形で問題がはっきり外に現れるので、どうしても治療されるべきは「この子」となるわけです。

確かに個人に問題や病理が認められれば、それを解決するために、それ相応の医療的なケアや治療を受けなくてはなりません。拒食症がひどくなれば、食欲増進剤や点滴による栄養補給なども必要になってくるでしょう。

けれども、ここでそういう認識を踏まえて、薬物療法や心理療法による治療を受けつつも、もう一つの側面を見落とさないようにしたいのです。

それは子どもが家族という一つの共同体に属しているならば、子どもに起こる問題は家族全体にかかわる事柄でもあるということです。つまり、子どもの苦しみや痛みは家族全体の苦しみであり痛みであるということなのです。この点をしっかりと理解しておくことが、家族問題を解決する鍵になると私は思っています。これについて、聖書の中で使徒パウロは良い示唆を与えてくれています。

彼は教会という共同体を人間の体（生体）になぞらえて、

「からだの部分が多くても、一つのからだである」（コリント人への手紙第一、一二章一二節）

と述べています。これは非常にすぐれたたとえです。さらに、

「一つの部分が苦しめば、すべての部分がともに苦しみ、一つの部分が尊ばれれば、すべての部分がともに喜ぶのです」（同二六節）

と共同体の構成員が影響し合う関係にあることを語っています。これは家族という共同体の場合も同じではないでしょうか。

ところで家族についてのこのような理解は、そう説明されれば頭ではわかるのですが、日常的には不思議と思われるほど把握できていないのではないか、というのが家族臨床における私の実感です。

もしかしたら、この時代の家族は共同体のイメージが描けないほど拡散しているのかもしれません。その意味で考えますと、パウロが用いた「体」のたとえは、家族共同体のイ

メージを明確にする大きな助けになります。

そのイメージがはっきりしてきますと、つまり手や足が体全体の一部であるのと同じように、もし子どもが家族の一部であると考えられるようになると、「あの子の○○の問題はどうしようもない」と言って、ただ嘆いたり批判したりすることはできなくなってきます。それは頭が足や手に向かって「お前はどうしようもない足だ。役だたない手だ」と言って叩いたりするのが、奇妙な行動であるのと同じです。このことがわかってきますと、「引きこもり」や「摂食障害」などで苦しんでいるわが子を見て、まるで自分の体とは関係がないかのように「この子の○○が問題なんです」という考え方が次第に修正されてくるように思います。

詰まるところ、家族問題で大切なことは「この子はどうしようもない」と言わないで、その子のために何ができるのかをいっしょに悩み考えることなのです。それは自分の手足に包帯を巻くことでもあります。

見方を変えると、子どもが何かで苦しんでいる場合、それはもしかしたら親の人生の影とも言い得るような部分を、代わって苦しんで生きてくれているとも言えるのかもしれません。こういう認識は、家族を体として見ていくときにわかってくるように思います。

離れて、温かく

家族相談や教育講演会などでよく「子どもに対してどのような接し方をすればよいのでしょうか」という質問を受けることがあります。これは子育てに携わっている者ならば、みなもっている質問であり課題です。

深刻な悩みを抱えている方の中に、「私のこのような言い方は適当なのでしょうか」と語るべき言葉を具体的に尋ねられる人も少なくありません。家族の人間関係において常に問題となるのは、親の「接し方・かかわり方」と言っていいでしょう。

このような質問を受けると、実行はなかなか難しいのですが、思春期・青年期の場合には、ほとんどどこでも、

「心理的、物理的に少し距離をおき、かつ温かく見守っていきましょう」

と、言葉のかけ方についてもお話しするようにしています。

思春期・青年期に入った子どもたちは、迷いながら、揺れながら心理的に親から分離して自分を確立していきますから、そのプロセスを温かく見守っていくことが必要だからです。児童期が「教える時期」とすれば、青年期は「考えさせる時期」と言っていいでしょう。考えさせるためには、あまり口出ししないで見守っていかなくてはならないわけです。

ところが現代の親子関係はこれがどうもうまくいきません。核家族・少子化という家族構造の変化そのものが母子分離を難しくさせてしまっているという現実があります。

子どもが少ないということは育児や教育にゆとりがある反面、養育態度が勢い干渉的になり、必要な保護を超えて過保護にもなりやすいわけです。つまり心理的にも物理的にも子どもに接近し過ぎてしまうということです。

この弊害は幼少期にはわかりにくいのですが、思春期・青年期になって問題が一気に顕在化し、「どうしてわが家に」ということが起こってくる場合があります。もちろん家族問題の背景には複合的な要因があるので原因を単純化してはならないのですが、とにかくまず、子どもとの間に距離をおくことを試みてみたいと思うのです。

たとえば、子どもが何か難しい課題に取り組んでいるような、あるいは何か決断に迷っているような場合、

「何、これくらいできないの。見せてごらん。これは、こうするのよ」

「あれは良くないから、こっちに決めておきなさいよ」

などと指示したり、答えを出してコントロールしたりしますと、親の判断が正解であっても、子どもの自発性・自立性が阻まれ、親との分離が難しくなります。

こんな時は、少し距離をおいて、

「難しい事をよく頑張ってやってるね。なかなか大変でしょう」

「何か決めるって難しいことだよね。いろいろ調べて考えてみてごらん」

というように、温かく見守りながら任せることです。もちろん親は自分の判断をもっていてもいいし、状況によっては、

「お母さんだったら、これがいいと思うけれど」

と自分の考えを伝えてもいいと思います。事柄によっては（たとえば道徳的な問題）、もっとはっきりと言わなくてはならないことも出てきますが、通常は本人の意志を大切にして見守ることが、この時期の接し方だと思います。

このように思春期・青年期の子どもは心理的に親から離れ、自立に向かう作業をしていますので、その重要な発達課題を自らクリアできるようにかかわりたいと思うのです。

しかし現実は、これがなかなか容易ではありません。この問題の背景には前述した核家族・少子化という問題だけでなく、戦後の経済成長とそれに伴う競争原理が家族関係を不健康にしてしまったという現実もあります。

たとえば親が競争心をあおられ、偏差値ばかりを気にし始めますと、子どもの成績はそのまま自分の成績のようになってしまい、子どもとの間に距離をおくということは難しく、心の成長や発達にブレーキをかけることになります。

この距離のなさは子どもが何か悩みを抱えたような場合、その悩みに共感するというよりも子どもと一体化してしまい、助けられなくなるという少々やっかいな問題を引き起こします。

ですからどうしても、「心理的、物理的に少し距離をおき、かつ温かく」というスタンスが必要なのです。もっとも距離をおくといっても、それは放任ではなく、彼らの人生の旅に寄り添い、その傍らを伴走するというイメージと言っていいでしょうか。

加えて子どもが二十も過ぎ、すでに結婚しているような場合はなおさらです。聖書に「男は父と母を離れ」（マタイの福音書一九章五節）とあるように、世代間の境界を意識的に作っていくことが健康な家族の条件と考えてよいと思います。

父なき、母なき時代の中で

ときどきいろいろな所で、「現代はどんな時代だと思われますか」と聞かれることがあります。こういう問いに対する答えは答える人の立場によって様々ですが、私のような心や魂の悩みを抱えた人を相手に仕事をしている立場から言うと、どうもこんなふうになってしまいます。

「現代は父なき、母なき時代のように感じられてなりません」
「もう一つ付け加えるとすれば、友なき時代かも……」

なんと否定的な、と思われるかもしれませんが、生きるのが苦しい人たちの話に耳を傾けていると、どうしてもそういう感じになるのです。もちろん何もかもそうだというのではありません。健全な家族関係・友人関係をもって明るく前向きに人生を歩んでいる人たちもたくさんいます。ただ全体として家族機能が衰退し、人間関係も希薄になってきている現代社会を見ると、どうしても「父なき、母なき……」となってしまいます。

といっても、これは、男性が仕事に忙しく、女性も外に出る機会が多くなって、物理的に家庭にいないというような単純な意味ではありません。それは家庭における父親と母親のもつ役割や機能に関することであって、父親が本来の父性性を、母親が母性性を失ってしまっているということです。

子どもの問題行動などで悩み、私のところに相談に来られる方の多くは母親ですが、その折に「ご主人は、お子さんのことをどう考えておられるのでしょうか」と聞いてみますと、「主人は『子どものことはお前にまかせる』と言って逃げてしまう」と言われる方が実に多いのです。

そして、事態が悪化すると「お前のせいだ」となるというのです。これは責任放棄というものです。私は家族臨床の経験からいって、この「お前のせいで……」という言葉は、夫が妻に対して決して使ってはならない禁句の一つだと思っています。

次に、母親に「お子さんはお母さん（来談者）にどんなことを言いますか」と聞いてみますと、「うるさい」とか「あのとき○○と言われた」などと反発されると嘆かれる方が結構多いのです。

母親は子どもの近くにいるので多少はうるさくなるところがあるのですが、過干渉・過期待になり過ぎると、子どもの自立を妨げてしまいます。ことに母親が自分の願望を子どもに強く押しつけるとき、本来もっている母性的な優しさが伝わりにくくなってしまいます。

母親がしつこかったり、うるさかったりし過ぎますと、どんなに「あなたのことを考えて言っているのよ」と言っても、その心は子どもに伝わりにくく、愛していると言っても、それはわかりにくい愛なのです。

現代の家庭がみなこうだ、と言うのではありません。しかし、これに似たような家族事情の中にある方々が意外に多いように思います。
では、どのように考えたらよいのでしょうか。このテーマについてT・ボヴェー（チューリヒ大学にヨーロッパ初の結婚学講座を開設した）の『家庭生活の歓び』（ヨルダン社）は大変良い参考になりました。彼は「父と母」についてこう述べています。

母親というものは子供にとって、なんといってもまず第一に自分を守ってくれる安全なところを意味しています。……母親の保護は、種子がそこで芽生えて最初の根をはる土壌です。しかし若芽は天に向かって伸びていくのであって、……これは妨げられてはならないのです。

このように土の外へと伸び出ていくときに子供にまず必要なのは方向指示です。
この方向指示が父親の役目です。
これは単に幼少期の子どもに対する親のあるべき養育態度というだけでなく、人の心が健全なバランスをもって保たれていくには思春期・青年期の子どもたちにも不可欠な保護と指示と考えてよいでしょう。

人は、温かで安全で傷つけられることのない港のような母を、また人生の旅の行く手を照らし導く光のような父を、各々の家庭の中だけでなく、さらに社会の中にも取り戻したいのです。豊かさのゆえに失われた「父と母」を。

犯人捜しをしない

家族の中で子どもの問題が起きると、当然その問題で悩んでいる子のことを思ってのことですが、どうしても「だれのせいでこうなったのだろうか」と考える傾向があります。つまり何となく「犯人捜し」のようなことをしてしまいがちです。

たとえば子どもが引きこもりになったような場合、問題の本質がよく理解されていないということもあって、ひどく単純に親の養育態度などが問題にされてしまうことがあります。そして、

「あの子がこういう状態になったのは、何といったって一番近くにいる母親に原因があるのでは……」

「ふだんから甘やかしているから、こういうことになったのでは……」

などと、どちらかと言えば母親に非難が集中します。そこで慌てて子育ての本を読んだり相談機関などを訪れたりしますと、そこでも判で押したように母親の過保護・過干渉・過期待が指摘され、がっかりして落ち込んでしまう方が多いのではないでしょうか。もちろん子どもの問題というものは、同時に父親の不在などもしばしば指摘されるのですが。

このように子どもに問題が生じると多くの場合、すぐに家族のだれそれのせいだと取り沙汰されがちですが、実は家族問題の原因はそれほど単純ではないのです。

たとえば、子どもが精神的になかなか成長できないのは母親の過保護に原因があるとよく言われますが、そうした背後には、父親が忙し過ぎて家庭を顧みないという事情があるのかもしれません。

そうなると母親は、父親の役割をも担うことになります。そうこうするうちに母親が子どもの世話に真剣になり過ぎて、結果として母子密着型の子育てになり、子どもの自立を遅らせてしまうということも考えられます。さらに兄弟間の複雑な事情も絡んでいるかもしれません。

このように心の問題にしても行動上の問題にしても、それが発症するには複合的な要因があるのです。つまり家族問題の原因と結果というものは、相互に影響し合って循環していると言っていいでしょう。

もちろん、これは個人に問題がないという意味ではありません。人生で直面する問題は、それが何であれ、最終的には個人が引き受け、責任を取らなくてはならないという厳しい現実があります。

しかし、それとともに考えておきたいことは、問題というものは、様々な要因が複合的に重なって起こってくるものでもあるということです。

こうした認識に立ちますと、子どもの問題は単純に母親の過保護・過干渉が原因だとか、父親不在が原因だとか言って、特定の誰かを犯人にするのは、避けなくてはならないということがわかってきます。

それに現代の子どもの心をめぐる問題は、個人や家庭を超えた社会やその時代の病理とも言うべきものと深くかかわっている部分がありますので、原因というものを単純化することに注意を要します。

前述の引きこもりや最近のニートなどの原因を、本人の性格傾向や親の養育態度だけに原因があるのだと単純化するならば、対応やケアにおいて大きな間違いを犯す可能性もあるのです。

しかし、どうも私たちは問題が起きますと、単純な因果論で処理したくなるのが常です。確かに個々の原因や理由をきちんと把握することも大切ですが、その過程で軽率に犯人捜しをしないようにしたいのです。そもそもその人が本当に問題の原因になっているのかどうかは、時間がたってみなければよくはわからないからです。

ですから単純な因果関係論で問題の解決を急がないことです。それよりも大切なのは、今ここで、問題を抱えて苦しんでいる個人や家族をどのように励まし支えていけばよいのかを考えていくことだと思います。

小さな家族変化を

家族というものは、ふだんは多少の問題があっても、何とかお互いに気持ちや行動を調整しながら機能させようとしているものです。といっても、これは決してやさしいことではありませんから、家族の一員であるならば、みなそれなりの努力が求められることになります。そうした中にあって、お互いに忍耐したり、してもらったりしながら何とかコミュニケーションを保とうとしているならば、いろいろと問題があっても健康的な家族と言っていいと思います。

ところが家族関係が病んでいる時というのは、お互いの気持ちや行動に柔軟性がなくなり、いつの間にか家族間のコミュニケーションパターンが固定化してくるのです。これは、体の血液循環が悪くなっているような感じに似ています。

つまり問題を抱えている家族は、家族間の会話の内容やかかわり方がいつも同じようなパターンの繰り返しになってしまい、変化がないのです。それも否定的で非生産的なパターンにです。これは、ときどき「家族診断」でもしなければなかなか気づきにくいのではないかと思います。

たとえば、母親がよく子どもに語っている言葉に、

「早く、早く」

「何度言ったらわかるの」

「だから、言ったでしょ」

などというものがあります。こう言われると子どものほうは、

「わかってるよー。いちいちうるさいなぁ」

となります。これは程度の差こそあれ、どこの家庭でも日常的にみられるやり取りではないでしょうか。

このような否定的なコミュニケーションが繰り返されると、これを崩すことは、なかな

か難しくなります。そうした中で特に深刻な問題は、そのように言えば言うほど子どもは行動を改善することができなくなることに、親が気づかない場合が意外に多いということです。

不思議に思われるかもしれませんが、「早くできない子」「何度言ってもわからない子」というようなレッテルを貼りますと、その行動を修正するのは、かえって難しくなってしまうのです。

これは大人の場合も同じです。否定的な評価をされ続けますと、いつの間にかその評価どおりの自己像ができあがり、不思議にもそのように行動するようになってしまうところがあります。やがてそれが固定するわけです。その意味で評価というものは怖いところがあるのです。

では家族の中で、常に起こり得るこのような問題（否定的な交流）をどのように解決すればよいのでしょう。

もちろん全員が各々の否定的なコミュニケーションパターンを改善できればベストです

が、それは余程の指導を受けないとできないことですし、そもそも全員が変化するということは現実には難しいと言っていいでしょう。

しかし家族というものが、モビールのように全体につながっていて、互いに影響し合う存在であることを考えると、だれか一人の変化でもよいと言えます。家族のだれかが肯定的な語りかけやかかわり方に切り替えることができたら、その影響は全体に波及します。

たとえば、何事にもゆっくりしている子どもには、「早く、早く」とせかさないで、ゆったりとした眼差しで、

「あなたは、いつも慎重でいいわね」

と褒めてあげてほしいのです。こう言われると、子どものほうは嫌な気持ちにはなりません。「慎重でいい」と褒められると、おのずと自尊感情が湧き起こり、肯定的な反応（応答）が出やすくなります。

「うん。ぼく頑張ってやってみる」

といった具合にです。こうなると、親のイライラした気持ちも安定し、それは家族全体に

及びます。ですから家族変化は小さくてもよいわけです。実はその小さな変化が必要なのです。賛美歌の中に、

「ちいさなかごに花をいれ、さびしい人にあげたなら、……『おはよう』とのあいさつも、こころこめて交わすなら、その一日おたがいに、よろこばしく過ごすでしょう」（讃美歌第二編二六番）

という歌がありますが、たった一言の慰めの言葉や所作、また明るい挨拶などが膠着《こうちゃく》した家族関係全体を変えていく力になるのです。

弱い者が配慮されて

よく考えてみればすぐわかることですが、家族というものは、普通に機能していれば人間の体のように常にバランスを保とうとする、不思議と言えば不思議な共同体です。

たとえば結婚した場合、それまでの個人の生活習慣をそのままもち込んだのでは新生活に無理が出てきてしまいます。そこで二人はおのずとお互いの違いを調整して、新たなバランスを取るようになります。自分の趣味や娯楽なども制限されることになるでしょう。

子どもが生まれますと、あらゆる面で子どもを加えたうえでの新しい調和と均衡が必要になってきます。また夫が失業したり、家族のだれかが病気にでもなったりしますと、家族全体がそれぞれ助け合って、共同体の揺れを支え合い、一定の均衡を取ろうとします。ふだんは、これらの作業をそれほど意識しないでやっているわけです。

それはちょうどモビールのようにどんなに揺れても元に戻ろうとする動きによく似ています。それはまた体温などが夏も冬も寒暖に影響されることなく、暑ければ皮膚の血管が広げられ、汗によって熱を放出して一定に保たれているのにも似ています。

家族心理学や家族療法では、このような均衡を保とうとする機能を家族システムの「恒常性」と呼んでいますが、その概念の子細はともかく、家族という共同体は本当によくできていると思います。

けれども、この恒常性を考える場合、留意しておきたいことは、家族の均衡というものがどのような保たれ方をしているのかということです。実はその均衡の内容が問題なのです。これは外からは意外にわかりにくく、時として家族のだれかが必死になり、身を削るようにして家族全体の揺れを支えている場合もあります。

たとえば父親の硬直した価値観や威圧的な態度、また母親の異常な干渉などに子どもが必死に耐えて、良い子を演じて家族の揺れを防いでいるような場合が多々あります。つまり家族のだれかの犠牲によって家族共同体の安定・均衡が保たれているようなケースです。

一般に、子どものような力のない者や弱さをもった者がこのような犠牲的な役割を演じてしまいやすいというのが、家族というシステムの特徴と言ってもいいでしょう。ですから「わが家は安泰」といっても、特定の人が身を削り過ぎているような安定は非常に不健康なものと言わなければなりません。

これは親子関係によく生じる問題ですが、夫婦関係においても同じようなことが言えます。どちらか一方が身を削り過ぎて結婚生活を続けていますと、長い間には家族全体の機能が偏ってしまいます。

やがて力関係が逆転したときは、権力で抑えつけてきた者は、仕返しではないかとも感じられる非常に惨めな思いをさせられることになるかもしれません。

では、健康的な家族とはどのような均衡を保っている共同体なのでしょうか。それは、小さな者や体や心に弱さをもった者でもそこに居られるような形でバランスが保たれている、または保とうとしている家族と言ってよいのではないかと私は思っています。パウロの言葉を借りれば、「からだの中でほかより弱く見える部分」(コリント人への手紙第一、一二章二三節）が大切にされて、全体の調和や均衡が保たれている状態と言っていいでしょう。

もう少し具体的に言えば、体や心が病み、生きるのに辛さを覚えたり、また人生がうまくいかずに苦しんだりしている者が自分を責めないで安心して居られるような家族共同体ならば、健康と言っていいと思います。つまり弱い立場にある者がどのように配慮されているかが、家族の健康度を測る尺度になるのではないでしょうか。

おわりに

本書は二〇〇六年の初版以来、読者の皆さんから好評をいただきましたが、三刷が品切れとなってから随分月日が経ってしまいました。その間、多くの方々から「再版はいつでしょうか」、「先生の手元にありましたら……」などという問い合わせがありました。あるキリスト教主義の大学では本書を推薦図書として挙げてくださるなど、とても良い評価もいただきました。

ここに装いも新たに、三つの新しいエッセイを追加した改訂増補版を皆様にお届けできることを心から嬉しく思っています。改訂にあたって、初版時に考えておりました執筆理由を簡単に書き添えておきたいと思います。

*

「共に生きる」とか「共に喜ぶ」など、「共に」という言葉が頻繁に使われる時代です。とても温かな世界をイメージさせてくれます。けれどもこれは逆に言えば、そのように生きることを難しくさせているある種の「孤独」がこの時代を覆っているということでもあります。

この「孤独」は一昔前の哲学的なイメージのものとは異なり、現代の社会や文化の病理を背景としていて、孤立や逃避・回避といった性格を帯びています。「傷ついた孤独」とでも言っていいでしょうか。愛されず認められず、それゆえ、生きていく力や希望がもてないという、どこか「見捨てられ感」、「見捨てられ不安」といった感情を強く伴った孤独です。

ここに収められたエッセイは私が牧師、カウンセラー、教師として、その種の「孤独」

の中に置かれている人たちと臨床的、牧会的、また霊的に向き合って気づかされたことを書き記したものです。感情へのケアとか認知の転換というよりも、いわゆる「魂への配慮」が中心的な視点となっています。

たとえば人が心に深い悩みを抱えた場合、本人も周囲の者もその悩みを取り除いて早く解決したいという気持ちになります。それが普通の感情であろうと思います。しかし、そこに見落としてはならないことがあります。それは、悩みというものの中には隠された大切な意味も含まれていますから、ただ問題の除去や解決だけを考えればよいというわけではないということです。

悩んでいる人の気持ちを考えますと簡単には言えないことですが、私がいつも思うことの一つは「せっかくの悩みだから」その時を大切にしたいということです。そしてそこから人間とは何か、どこから来て、どこへ行くのだろうか、また生きる意味や人生の目的とはいったい何かというような問題について考えてほしいと思っているのです。

悩みというものは、そのような人生における本質的な問題について考える機会を与えてくれるものです。その意味では問題があまり早く取り除かれてしまうと、大切な宝のようなものを失ってしまうということにもなります。

もちろん悩みといっても単純ではありません。精神的・心理的苦痛が強く、情緒的安定が崩れて日常生活に支障が出るような場合は、その症状を緩和するために適切な治療と対応が必要になってきます。

しかしそうした苦痛が除去されれば、人生の根本問題が解決するということではありません。人間は心の最も深い部分において自分が生きている意味や価値がわかり、「あなたは、生きていていい」というような声を聞くことができなければ、真の生存充実感がもてないものなのです。いま多くの人は、このような生きることの根本問題で悩んでいるのではないかと思います。

本書はそのような心と魂のニーズに少しでも応えることができればと願って書かれました。物語の出どころは教会や大学、またセミナーやカウンセリングで出会った人々との間で気づかされたことで、その時の感覚を想起しながら様々な角度から考察を加えつつ書きました。

最初の「心をみつめる」ではテーマのとおり、主として私たち自身の心の状態について取り上げました。性格傾向やストレスまたうつ感情などについてどう考えたらよいのか、だれもが悩む問題ばかりです。

次は一歩進んで他者の「心を配慮する」にはどんなことに気遣っていけばよいのか、人を慰め励ますものは何かなど、魂への配慮に関する話題が主な内容です。悩んでいる人に語る言葉や態度など、難しい課題ばかりですが、対人関係の参考にもしていただけたらと思います。

最後の「心を分け合う」は家族関係をめぐる問題が中心になっています。ここでは家族を人間の体のようにとらえ、それぞれの機能が健全に働くためにはどのようにかかわっていくのがよいのかを家族カウンセリングの知見も少し取り入れながら考えてみました。

このように本書は、私たちが自分の心を見つめ、また他者と向き合い、さらに家族とどのようにかかわっていけばよいのかを、傷ついた孤独が蔓延する現代社会の現実から記したエッセイです。小著ですが、読者の皆様の人生の旅の糧ともなればと願っています。
後になりましたが、本企画をお奨めくださり、細かい編集の労を取ってくださいました、いのちのことば社（フォレストブックス）の皆様に心から御礼を申し上げます。

二〇一七年十一月

堀　肇

改訂新版

心の部屋を空けて

2006年2月15日発行
2007年11月1日3刷
2018年1月10日改訂新版発行

著者　堀 肇

発行　いのちのことば社フォレストブックス
〒164-0001　東京都中野区中野2-1-5
編集　Tel.03-5341-6922
営業　Tel.03-5341-6920
　　　Fax.03-5341-6921

印刷・製本　モリモト印刷株式会社

ISBN978-4-264-03884-9